DIE BESEITIGUNG DES PARADOXONS DER ARMUT IN DER FÜLLE

Das Gesetz des Nullgewinns

Von

Moe Messavussu
A.A.S, Kennedy King College, 2010
B.A., Chicago State University, 2014

THESE

Zum Teil in Übereinstimmung mit den Anforderungen
des Magisterabschlusses in Bildende Kunst in
unabhängiger Filmproduktion und digitaler Bildgebung

Governors State University
University Park, IL 60484

2018

Auf meine Kinder
Sylvie, Emilie, Charbel und Josephine

DIE BESEITIGUNG DES PARADOXONS DER ARMUT IN DER FÜLLE

Das Gesetz des Nullgewinns

ISBN: 9781687237101
Impressum:
In unabhängiger Form veröffentlicht

INHALTSVERZEICHNIS

ÜBERSICHT ÜBER DIE ABBILDUNGEN

Abbildung 12: Ein Obdachloser, der am Rande einer
Gasse schläft Fußgängerin.
Er ist ein unbekannter Fotograf.
Abbildung 13: Obdachlosenfamilie am Rande einer
Gasse Fußgängerin.
Er ist ein unbekannter Fotograf.
Abbildung 14. Ein junger Obdachloser am Rande
einer Fußgängergasse.
Er ist ein unbekannter Fotograf.
Abbildung 15: Ein Obdachloser am Rande einer
Gasse Fußgängerin.
Er ist ein unbekannter Fotograf.
Abb. 16. Obdachloser mit Hund im Schlaf
Der Rand einer Fußgängergasse.
Er ist ein unbekannter Fotograf.
Abbildung 17: Ein junger Obdachloser, der am Rande
einer Fußgängergasse.
Er ist ein unbekannter Fotograf.
Abb. 18. Obdachloser mit Hund im Schlaf
Der Rand einer Fußgängergasse.
Er ist ein unbekannter Fotograf.
Abbildung 19: Obdachlose Frau am Rande einer
Fußgängergasse.
Er ist ein unbekannter Fotograf.
Abbildung 20: Obdachlose mit einem
Raum unter einer Brücke.
Er ist ein unbekannter Fotograf.
Abbildung 21: Obdachlose in Räumen
unter eine Brücke gestellt.
Er ist ein unbekannter Fotograf.
Abbildung 22: Obdachlose in Räumen
neben einem Highway.
Fotograf nicht bekannt.

Abb. 23. Haus eines Obdachlosen.
Er ist ein unbekannter Fotograf.
Abb. 24. Haus eines obdachlosen Paares.
Er ist ein unbekannter Fotograf.
Abbildung 25: Obdachlose Frauen.
Er ist ein unbekannter Fotograf.
Abbildung 26: Obdachlose Frau steht am Rand
von einer Fußgängergasse aus.
Er ist ein unbekannter Fotograf.
Abbildung 27: Obdachlose Frauen, die am Rande
schlafen von einer Fußgängergasse aus.
Er ist ein unbekannter Fotograf.
Abbildung 28: Ein Obdachloser am Rande einer Ein
fahrt Fußgängerin.
Er ist ein unbekannter Fotograf.
Abbildung 29: Obdachloser mit Hund, schläft im
Der Rand einer Fußgängergasse.
Er ist ein unbekannter Fotograf.
Abb. 30: Obdachlose auf
Rand einer Fußgängergasse.
Er ist ein unbekannter Fotograf.
Abb. 31. Obdachlosenhäuser unter einer Brücke.
Er ist ein unbekannter Fotograf.
Abb. 32: Obdachlosenhäuser unter einer Brücke.
Er ist ein unbekannter Fotograf.
Abbildung 33: Obdachlosenhäuser in der Nähe eines
Brücke.
Er ist ein unbekannter Fotograf.
Abbildung 34: Obdachloser am Rande einer Einfahrt
Fußgängerin.
Er ist ein unbekannter Fotograf.
Abbildung 35: Ein Obdachloser am Rande einer
Gasse Fußgängerin.
Er ist ein unbekannter Fotograf.

Abbildung 36: Obdachloser junger Mann
den Rand einer Fußgängergasse.
Er ist ein unbekannter Fotograf.
Abbildung 37: Ein Obdachloser am Rande einer
Einfahrt Fußgängerin.
Er ist ein unbekannter Fotograf.
Abb. 38: Ein Paar Obdachlose im Schlaf
Der Rand einer Fußgängergasse.
Er ist ein unbekannter Fotograf.
Abbildung 39: Ein junger Obdachloser am Rand einer
Fußgängergasse.
Er ist ein unbekannter Fotograf.
Abb. 40: Ein Paar Obdachlose in den
Bordsteinkante.
Er ist ein unbekannter Fotograf.
Abbildung 41: Ein junger Obdachloser, der sich auf
Bordsteinkante.
Er ist ein unbekannter Fotograf.
Abbildung 42: Die Verzweiflung der Armen.
Aufgenommen von Moe Messavussu.
November 2017

ABSTRACT

Das Problem der Obdachlosigkeit ist das Paradoxon der extremen Armut innerhalb des materiellen Überflusses, das den hohen Stand der industriellen Entwicklung der Vereinigten Staaten von Amerika bestätigt. Aber dieser schockierende Zustand der Armut muss einfach unter Kontrolle gebracht werden, um die ruhmreiche menschliche Zivilisation zu feiern.

Ich glaube, dass die Umsetzung aller im «Null-Profit-Gesetz» empfohlenen Reformen, nämlich die schrittweise Einführung der kostenlosen Krankenversicherung für alle amerikanischen und gleichgestellten Bürger, die schrittweise Institutionalisierung der ständigen Arbeitslosenversicherung und die schrittweise Abschaffung der menschenunwürdigen Arbeit, Sie wird die gegenwärtige Not der amerikanischen Arbeiter beseitigen und den Weg für die Verwirklichung des Landparadieses ebnen, das jeder Mensch für jeden Menschen anstrebt.

STICHWORT

Profit: Laut der Mehrheit der Wirtschaftswis-
senschaftler liegt das Arbeitsentgelt (Lohn) unter dem
Produktionswert. So übernimmt der Kapitalist oder
Kapitaleigner einen Teil der Arbeit. Genannt PROFIT

KAPITEL 1: EINLEITUNG

Seit der Zeit von Adam Smith, der allgemein als Vater der politischen Wirtschaft angesehen wird, sind die Staaten von einem völlig neuenDas ist das Ergebnis der Arbeit seiner Landsleute und nicht des Goldes. Tatsächlich waren die absolutistischen Nationen im 18. Jahrhundert von dem Willen bewegt, sich die Edelmetallreserven der Welt anzueignen und ihren eigenen Reichtum zu vergrößern." Aus diesem Grund können wir behaupten, dass alle amerikanischen Arbeitnehmer den amerikanischen Nationalreichtum hervorbringen

Aber das Problem ist: Hat die US-Regierung das Recht, einen Teil der amerikanischen Arbeitnehmer, der dadurch seinen Arbeitsplatz und damit seinen Lebensunterhalt verliert, im Stich zu lassen, Obdachlos zu werden oder nicht? Oder müssen die erforderlichen Maßnahmen ergriffen werden, um eine ständige Arbeitslosenkasse einzurichten, um den oben genannten Arbeitnehmern einen Mindestlohn zu garantieren? (Messavussu, Moe 2012).

Wir definieren das «Null-Profit-Gesetz», das als reine intellektuelle Schöpfung des Verfassers dieser Dissertation für den Magister in Kunst an der Staatsuniversität der Gouverneure (Governors State University) dargestellt wirdals absolut friedliches Mittel zur Lösung des Problems der unglaublichen Armut im materiellen Reichtum der

Die modernste industrialisierte Gesellschaft der Welt, die Vereinigten Staaten von Amerika. Um das «Null-Profit-Gesetz» aus wissenschaftlicher Sicht zu studieren, nehmen wir als Lernraum die Stadt Chicago. Die Wahl dieses Ortes als Studienort ist rein zufällig, da der Verfasser dieser These seit 2002 in Chicago lebt; ist zwar in den USA eingebürgert, verfügt aber nicht über die finanziellen Mittel, um seine wissenschaftliche und künstlerische Arbeit an einem anderen Ort als seiner bald sechzehnjährigen Stadt zu verrichten. Darüber hinaus hat die Stadt Chicago folgende Vorteile: Erstens, die Industrialisierung, die in dieser Stadt durchgeführt wurde, stellt die Stadt als ein perfektes Modell für einen industrialisierten Raum dar. Zweitens ist die Bevölkerung von Chicago ein perfektes Modell für die kosmopolitische Bevölkerung und damit eine perfekte Darstellung der amerikanischen Weltbevölkerung. Drittens können wir die hier in Chicago erzielten Ergebnisse ohne Fehler auf alle Vereinigten Staaten übertragen.

Im ersten Teil unserer Studie werden wir die Doktrin von Adam Smith zur Volkswirtschaft und die verschiedenen Verbesserungen, die bisher an der oben genannten Theorie vorgenommen wurden, eingehend prüfen, Die Europäische Kommission hat eine Reihe von Vorschlägen vorgelegt. In einem zweiten Teil unseres Vortrags werden wir uns mit dem Gesetz des Null-Profit-Prinzips befassen, gefolgt von der unbewussten Anwendung dieses Gesetzes in verschiedenen Ländern der Welt, insbesondere in den Vereint unter der Regierung von Barack Obama, der versucht hat, eine allen zugängliche Krankenversicherung zu institutionalisieren.

In einem dritten Teil unserer Studie, den wir mit unserer Schlußfolgerung vergleichen, werden wir versuchen, den Unsinn einer staatlichen Regierung zu beweisen, die dazu neigt, das oben genannte Wohlfahrtsgesetz zu missachten und in den Brennpunkt zu setzen.

KAPITEL 2: Adam Smith und Wirtschaft
klassische Politik

Das Buch von Adam Smith mit dem Titel «Untersuchung der Natur und der Ursachen des Reichtums der Nationen» wird allgemein als der erste Vertrag anerkannt moderne Volkswirtschaft. Dieses klassische Werk stellt einen pragmatischen und kohärenten Geschichte der Wirtschaft. Doch bevor wir weiter gehen, wer ist Adam Smith? Adam Smith wurde am 5. Juni 1723 in Kirkcaldy, Schottland, geboren. Sein Vater war ein Jurist. Francis Hutcheson, dessen Bildung damals von den Theorien von John Locke und David Hume inspiriert wurde, Nach Abschluß des Studiums und Unterrichts in Oxford und Glasgow, Smith wird zum die Universität Glasgow im Jahre 1751 und später Professor für Moralphilosophie im Folgejahr. Während dieser Er steht in engem Kontakt mit David Hume, dessen ethische und wirtschaftliche Thesen ihn erheblich. 1763 verließ er Glasgow und begann eine zweijährige akademische Reise nach Frankreich und in die Schweiz als privaten Vormund eines jungen Herzogs. Von diesen Begegnungen mit den französischen Physikern Turgot und Quesnay entwickelt Smith das Thema seines Buches mit dem Titel Nationen», die er erst 1776 abschliessen und veröffentlichen kann Im Jahre 1779 wird Smith zum Polizeichef beim Zoll in Edinburgh ernannt, wo er lebt bis zu seinem Tod am

17. Juli 1790. Adam Smith: Die Volkswirtschaft, die als Zweig der Wissenschaft des Staatsmannes angesehen wird, schlägt vor, dem Volk und dem Herrscher ein reichliches Einkommen zu verschaffen (Smith, Adam 1776). Schon sehr früh die «let make»-Doktrin, die den freien Waren- und Personenverkehr fordert, Smith wird dann die Bedingungen für die Regulierung des im Entstehen begriffenen Kapitalismus durch den Markt theoretisieren. Daher stellt sich Smith die Frage: Wie bringt man die Nation auf das höchste Wohlstandsniveau?Da letztere definiert ist als die Jahresproduktion, die durch Arbeit, die Bereicherung der Nation beruht auf Erhöhung der Arbeitsmenge und Verbesserung der Produktivität. Die Analyse von Smith konzentriert sich auf die Bedingungen zur Verbesserung der Arbeit: Diese stützen sich auf die Ausweitung des ambulanten Austauschs, der die Arbeitsteilung, die Spezialisierung der Aufgaben; die produktive Kraft der Arbeit steigt." Nach Adam Smith wurde der Reichtum vor ihm im wesentlichen auf zwei Arten definiert: Für Merkantisten wird der Reichtum durch das Eigentum an Metallen und Steinen definiert Sie sind es, die Sie sind es, die Kriege finanzieren, die einen dauerhaften Wert in der Zeit haben und überall anerkannt werden.

Es ist ein wesentlicher Reichtum. Für die Physiker ist die landwirtschaftliche Produktion die einzige Quelle des Reichtums, während andere Tätigkeiten ausschließlich der Umwandlung dieses ersten Reichtums dienen (Smith, Adam 1776). Dann kam Adam Smith, für den der Reichtum der Nationen die Gesamtheit der Produkte ist, die das Leben einer ganzen Nation leben, das sind alle Gesellschaftsklassen und deren Konsum. Gold und Währung sind also nicht mehr die Grundlage für den Reichtum, da sie für sich allein keinen anderen Nutzen haben als den des Austauschs. Die meisten Ökonomen betrachten Adam Smith als «den Vater der Volkswirtschaft, also den «Vater der klassischen Schule». In Zeiten der Krise passen sich die Löhne und Preise für die klassische Schule den Schwankungen von Angebot und Nachfrage nach wirtschaftlichen Produkten an. Der Markt absorbiert diese Schocks, und die Arbeitslosigkeit ist daher unerheblich, da es sich um eine Anpassungsvariable handelt." (Smith, Adam 1776).

KAPITEL 3: David Ricardo und andere Ausbilder der klassischen Wirtschaftsschule

Die anderen Persönlichkeiten der klassischen Schule, nämlich Ricardo David, Mill James Stuart, Malthus Thomas Robert und Say John-Baptist, haben die Theorie von Adam Smith systematisiert, der gegen 1815-1848 zur wirtschaftlichen Orthodoxie wurde. "The main axe of the political economy are so given as followed: The law of the automatic regulating invisible hand of the the
Economy of Adam Smith, the law of the population of Thomas Robert Malthus, David Ricardos Theorie der abnehmenden Erträge, Ricardos wertvolle Arbeitstheorie, John-Baptist Says Gesetz, Die starke Version führt zu den Prinzipien der Währung, die keine Aktivität schaffen können, und die Theorie der komparativen Vorteile, ergänzt durch John Stuart Mill, der die gegenseitige Nachfrage einführt».

Nach Meinung von Smith führt das egoistische Motiv, das den Einzelnen zur Verbesserung seiner wirtschaftlichen Lage zwingt, auf nationaler Ebene zu positiven Auswirkungen, indem er das Allgemeininteresse so wahrnimmt, als ob der Einzelne von einer unsichtbar Der Ausschuß für Wirtschaft, Währung und Industriepolitik hat den Vorschlag der Kommission für eine Verordnung des Rates über die Einführung eines Systems der Eigenmittel der Gemeinschaft angenommen. In diesem Zusammenhang sollte der Staat nicht auf wirtschaftlicher Ebene eingeführt werden, um diese spontane natürliche Ordnung, die auf dem persönlichen Interesse jedes einzelnen beruht, nicht zu stören (Smith, Adam 1776).
In seinem Buch «Versuch mit den Prinzipien der Bevölkerung»,   17

Malthus Hauptsorge bleibt die problematische Zunahme der Bevölkerung. Für ihn ist die Geburtenrate so hoch, dass die Zahl der Menschen tendenziell schneller zunimmt als die Nahrungsmittelmenge. Diese für alle Menschen geltende Regel sollte zu einer freiwilligen Geburtenbeschränkung anregen, In erster Linie aufgrund des Altersrückgangs in der Ehe und der sexuellen Abstinenz. Andernfalls werden exzessive Menschen durch unzureichende Ernährung eliminiert (Malthus, Thomas Robert 1798). In einigen Ländern wie Indien und China wurden jedoch sogenannte «malthusianische» Politiken organisiert, um das Bevölkerungswachstum unter Kontrolle zu bringen.

Das Konzept sinkender Erträge wird in Ricardo David' Buch Politische Ökonomie und Steuern auf die Landwirtschaft angewandt. Dieser Autor sagt, je mehr Land zur Bewältigung des Bevölkerungswachstums genutzt wird, desto weniger fruchtbar wird es sein und die Erträge werden sinken. Die Nutzung der Ressourcen ist somit für eine kleine Zahl von Menschen rentabel, aber wenn die Bevölkerung wächst und die Nutzung anderer Ressourcen erforderlich ist, sind diese weniger produktiv. Diese Theorie deckt sich mit der von Thomas Robert Malthus, der behauptet, dass die Bevölkerungszunahme zu einer Verringerung der verfügbaren Ressourcen führt. Ein Beispiel für einen abnehmenden Ertrag ist die Ausbeutung von Erdölvorkommen. Der oben genannte Betrieb nimmt ab, weil die Betriebskosten niedrig waren, als die Lagerstätten in der Nähe der Bodenoberfläche lagen. Aber je geringer die Erdölvorkommen aufgrund der starken Nachfrage werden, desto höher sind die Förderkosten erhöhen und damit auch nicht profitabler». Nach Ricardo führt das Bevölkerungswachstum zu einem Ressourcenrückgang und läuft der Produktivität entgegen. Der Schwerpunkt liegt auf dem technischen Fortschritt, der es ermöglicht, die Effizienzgewinne je nach Bedarf zu erhöhen, aber auch auf einen Tätigkeitsbereich zu spezialisieren, in dem wir am stärksten vertreten sind. Der zweite Beitrag von Ricardo zur klassischen Schule für Volkswirtschaft ist der Wert der Arbeit. David Ricardo schließt sich der Werttheorie von Adam Smith an und akzeptiert, dass es zwei Wertarten gibt: den Gebrauchswert und den Tauschwert. Ihre Argumentation zur Ermittlung des Handelswerts des Produktgutes ist jedoch unterschiedlich. Für Ricardo wird jede Ware durch eine Kombination aus direkter (Arbeitnehmer-) und indirekter Arbeit (Anlageninhalt, Maschinen usw.) hergestellt. So ist der Tauschwert für alles Gute die Menge an Arbeit, die darin enthalten ist (Ricardo David, 1817).

Bei Jean Baptist Say sind drei Vorschläge zu unterscheiden: Der erste ist, daß die Währung wirtschaftlich neutral ist, d.h. daß es sich um eine Ware handelt, die nicht gesucht werden kann, sondern nur zum Zweck des Erwerbs anderer Grundstücke. Der zweite ist die Annahme, daß das Angebot seine eigene Nachfrage schafft. Jeder von uns kann die Produkte nicht anders als mit seinen eigenen Produkten kaufen, denn der Wert, den wir kaufen können, ist gleich dem Wert, den wir produzieren können, vor allem werden die Menschen alles kaufen, wenn sie mehr produzieren. Einige Waren werden nicht verkauft, weil andere nicht produziert werden. Nur die Produktion eröffnet den Absatz der Produkte. Das Niveau der Wirtschaftstätigkeit auf dem Produktangebot, das den Verbrauchern frei angeboten werden muss. Und Says dritte Idee ist, dass Produktion Einkommen schafft. Jede Produktionshandlung ist gleichzeitig eine Einkommensverteilung und erhöht die Kaufkraft des Autors» (Say Jean Baptiste 1972 Kapitel 15,16).

Die Theorie der komparativen Vorteile, ergänzt durch John Stuart Mill, der die gegenseitige Nachfrage einführt, wird mit diesen Worten ausgedrückt. Kooperation und Spezialisierung in der Produktion zweier Länder, in denen sie einen komparativen Vorteil haben, erhöhen den Reichtum der Welt, aber wie wird dieser Reichtumsüberschuss aufgeteilt? Diese Frage kann beantwortet werden, indem man sich nach dem relativen Preis der Produkte fragt, d.h. nach ihrer Anzahl und symmetrisch». John Stuart Mill löst diese Frage in seinen Prinzipien der politischen Ökonomie von 1848. Er zeigt, daß die Bestimmung des internationalen Preises der Erzeugnisse den Grundsätzen von Angebot und Nachfrage entspricht. Für jeden möglichen relativen Preis Das erste Land wird eine bestimmte Menge des Erzeugnisses A ausführen und eine bestimmte Menge des Erzeugnisses B einführen wollen. Das zweite Land wird bei der Ausfuhr von Waren B und der Einfuhr von Waren A. eine symmetrische Haltung einnehmen; es erscheint unwahrscheinlich, dass die angebotene Menge ähnlich ist.In der Tat dürfte es grundsätzlich keinen relativen Preis geben, bei dem Angebot und Nachfrage gleich werden; Dann ist es der vom Markt festgestellte und ermittelte relative Preis. Dieser Preis bestimmt auch die gehandelten Mengen», deshalb hat John Stuart Mill die Theorie des komparativen Vorteils zum Kernstück der klassischen Theorie gemacht. Er hat geschrieben: "Damit der Import eines Produktes günstiger ist als seine Produktion, muss das Ausland nicht in der Lage sein, es mit weniger Arbeit und Kapital zu produzieren. Wir Wenn wir solche günstigen Umstände schaffen, haben wir bereits einen für die Herstellung eines anderen Produkts Wir könnten eine höhere Rendite auf unsere Arbeit und unser Kapital erzielen, wenn wir sie nicht für Produktion des Artikels, für den wir weniger Nutzen haben, diese aber komplett der Die Herstellung des Erzeugnisses, für das unser Vorteil am größten ist, wird dem Ausland im Austausch gegen den anderen angeboten. Nicht ein absoluter Unterschied bei den Produktionskosten bestimmt den Umtausch, sondern die relative Kostendifferenz» (Mill, John Stuart. 1848).

KAPITEL 4: John Maynard Keynes und Keynesianismus

Die grundlegende Kritik an der klassischen Theorie kommt von Keynes John Maynard. Für Keynes: Eine lebendige Wirtschaft ist eine konsumierende Wirtschaft. Das Wachstum verläuft unregelmäßig. In der Tat gibt es Zeiten des Wachstums, in denen die Arbeitslosigkeit niedrig ist und die Menschen die Früchte ihrer Arbeit konsumieren und nutzen können.aber Es gibt auch Zeiten des Wirtschaftsabschwungs, die zu einer Verringerung der Verbrauch, wodurch eine Explosion Hohe Arbeitslosigkeit. Diese Periode des Wachstums und nicht des Wachstums nennt sich Unternehmenszyklus. Für Keynes ist «die globale Wirtschaftsnachfrage der Grundstein für die Wirtschaftsrunde.» In Krisenzeiten sinkt die weltweite Nachfrage, was zu einer die Wirtschaft im allgemeinen und erhöht damit die Krise» in der Migros. "Keynes argumentiert, dass die aggregierte Nachfrage so gesteuert werden muss, dass die so genannte Nachfrage nach der Krise umgekehrt wird und gleichzeitig die Instabilität des Kapitalismus beseitigt wird. Und diese Rolle der Unterstützung der Wirtschaft kommt dem Staat zu, der die wirtschaftliche Gesundheit des Landes garantiert». Kurz gesagt: Der Keynesianismus ist in sechs Richtungen organisiert: Erstens folgt die Gesamtnachfrage keiner besonderen Regel, und zweitens wirkt sich die Verringerung des Verbrauchs hauptsächlich auf die Produktion und die Arbeitslosigkeit aus;Drittens reagieren Preise und Löhne nur langsam auf allgemeine Veränderungen von Angebot und Nachfrage, und viertens gibt es kein perfektes Niveau der Arbeitslosigkeit, weil es zu stark von der Wirtschaftslage abhängig ist;Fünftens kann die Stabilisierungspolitik notwendig sein, und sechstens ist es generell besser, die Beschäftigung zu unterstützen als die Inflation zu bekämpfen (Keynes, John Maynard, 1936).

KAPITEL 5: Die Wirtschaftsschule
neoklassisch

In den Bemühungen, den Kapitalismus nach seinen
schweren Krisen in der Vergangenheit um jeden Preis
wiederherzustellen, kommt die neoklassische Schule
und vor kurzem die Schule Österreichisch: Milton
Friedman hat eine Die Europäische Gemeinschaft
und ihre Mitgliedstaaten sind sich der Tatsache be-
wußt, daß die wirtschaftliche Denkweise liberaler Prä-
gung, gegen die sich die Präskriptionen offen stellen,
derjenigen des Keynesianismus zuwiderläuft. Als
Antwort auf die Funktion der
Er entwickelte die Theorie des ständigen Einkommens. In ihrer einfachsten Form drückt die Theorie
aus, daß die von den
Verbraucher werden nicht von ihrem Einkommen dik-
tiert
Der Anteil der Frauen an der Gesamtbeschäftigung in
der Europäischen Union ist in den letzten Jahren
gestiegen. Die Differenz zwischen dem Dauereinkom-
men und dem derzeitigen Einkommen wird als Über-
gangseinkommen bezeichnet. Gleichzeitig bringt
Friedman den Begriff des ständigen Einkommens und
des Verbrauchs in die Wirtschaft». Aber für die neoklassische Schule ist der größte Repräsentant Paul
Samuelson. Für ihn bedeutet dies, dass der Staat in
die Wirtschaft eingreifen muss, wenn sich die
Wirtschaft erholt. Für sie ist es kurzfristig nicht immer
möglich, sich aufgrund von Mängeln der
Wirtschaftssysteme, hohen Löhnen oder des

Einflusses von Monopolen auf den Wettbewerb zu stabilisieren.In diesem Fall Die Regierungen müssen mehr ausgeben, um die Wirtschaft zu stabilisieren und das Wachstum anzukurbeln. Wenn das Wachstum zurückkehrt, regulieren sich auch die Märkte, und die unsichtbare Hand des Marktes funktioniert wieder wunderbar."Die neoklassische Synthese ist also kurzfristig mit Keynes befreundet. Beide stellen fest, dass in Krisenzeiten eine staatliche Intervention notwendig ist. Langfristig jedoch unterscheiden sich ihre Meinungen. Für neoklassizistische Gesellschaften müssen die Märkte frei sein und in normalen Zeiten ihre eigenen Gleichgewichtspunkte finden. Für die österreichische Schule, deren Vater Friedrich von Hayek ist, ist der Markt das Zusammentreffen individueller Vorlieben. Nur Privatpersonen können den Wert der Wirtschaftsgüter bestimmen und nur der Markt kann die Präferenzen der einzelnen Personen koordinieren. Für die österreichische Schule, die Gesellschaft streicht die rationale und subjektive Berechnung, die jeder Einzelne aus dem Wert des wirtschaftlichen Gutes macht, und in diesem Fall ist er dem Liberalismus unterlegen. Nur Privatpersonen können den Wert der Wirtschaftsgüter bestimmen, und nur der Markt kann die Präferenzen jedes Einzelnen koordinieren. Für die Österreichische Schule, der Sozialismus, beseitigt die rationale und subjektive Berechnung, die jeder einzelne aus dem Wert des Wirtschaftsgutes macht, und in diesem Die Preise spielen eine wichtige Rolle, da sie die Spiegel der Wirtschaft sind. Für die Österreichische Schule legt der Staat im Sozialismus die Preise fest, kennt aber nur einen Teil der Präferenzen der

Verbraucher und der Besonderheiten der Märkte,
schafft also keinen Erfolg und verfälscht den Markt."
Bis 1980, als Ronald Reagan und Margaret Thatcher
sich für ihre Mißachtung des staatlichen Intervention-
ismus und das Europäische Parlament hat die
Ultraliberalismus kann zu der Frage führen, ob
behaupten, dass eine Gesellschaft nicht funktionieren
kann Richtig, dass es ohne staatliche Entscheidung
kein bisschen extrem ist? » Doch die absolute
Verurteilung des Kapitalismus kam von Karl Heinrich
Marx.

KAPITEL 6: Karl Marx und die
Kritik an der Volkswirtschaft

Nach Ansicht von Marx ist der Betrieb aufgrund des kapitalintensiven Gewinns, der den Gewinn erzwingt, präsent. Marx, um den Markt zu erklären, folgert daraus, daß jedes Gut zwei Endwerte hat: Das erste ist der Nutzungswert, der dem Nutzungswert des Produkts entspricht, und das ist die Verwendung dieses Gutes. Der zweite ist der Tauschwert, der dem monetären Wert des Grundstücks entspricht. Marx wendet diesen Vergleich auf die Arbeit an, weil seiner Meinung nach Arbeit ein Element des Wachstums des Kapitalismus ist. Der Gebrauchswert des Arbeitnehmers ist die Fähigkeit, Die Produktion der Waren und ihr Tauschwert ist der Lohn, den er für diese Arbeit erhält. Dieser Gebrauchswert des Arbeitnehmers kommt jedoch zu den Produktionsanlagen des Unternehmens zur Herstellung der Waren hinzu, die dann über dem monetären Wert der Arbeit liegen. Durch dieses Ungleichgewicht entstand ein Überschuss, den Marx als Betrieb bezeichnete und der Arbeitgeber als Gewinn behielt (Marx, Karl 1867). Die Anhäufung von Gewinnen stärkt den Kapitalismus.

Noch bevor er den wirtschaftlichen Marxismus erfand, hatte Karl Marx die Ursprünge des Kapitalismus angeprangert und analysiert. Seine ersten Arbeiten befassen sich mit den Ursprüngen des Kapitalismus, mit der Aberration der Konzentration des Reichtums in wenigen Händen. Marx verwies darauf, dass dieser rasche Aufstieg des Kapitalismus zu Widersprüchen auf dem Markt und somit zu einer Übernahme der Kontrolle über die Produktionsmittel durch die Arbeitnehmer führen könnte, die dann eine kommunistische Wirtschaft aufbauen können Der Kommunismus kommt von der Idee, dass Karl Marx zum ersten Mal Klassenkampf führt. Der Klassenkampf unterstreicht, dass eine Gesellschaft In der Bundesrepublik Deutschland ist der Anteil der Frauen an der Gesamtbevölkerung sehr hoch. Karl Marx zeigt auf diese Weise, dass der Klassenkampf die Grundlage der Geschichte unserer Welt bildet und seit der Kolonisierung des Volkes präsent ist. Karl Marx enthüllt aus dieser Ideologie eine neue soziale Klasse: das Proletariat, die soziale Klasse, deren Reichtum nur die Arbeitskraft ist. Karl Marx ist der Ansicht, dass diese Klasse zwar Interessen verfolgt, die im Wesentlichen denen der Bourgeoisie widersprechen, aber die größte Klasse ist, dass sie in der Lage ist, die Gesellschaft so umzugestalten, dass sie für alle gleicher wird. Wenn der Marxismus die Arbeiterklasse so hart verteidigt, dann um die Entfremdung der Arbeit zu bekämpfen. Dieses von Karl Marx entwickelte Konzept ist die Tatsache, dass Arbeit in einem kapitalistischen System nichts anderes als Gutes ist. Da Arbeit für den Preis der Zeit des Lebens steht, ist der Profit für den Kapitalismus: Karl Marx sagt zu diesem über: Ein Mann, der sein Leben lang keine Freizeit organisiert, mit Ausnahme der rein physischen Unterbrechungen des Schlafes, der Mahlzeiten usw., wird von seiner Arbeit für den Kapitalisten monopolisiert. Und es ist nicht weniger als ein

Lasttier. Es ist eine einfache Maschine, um den Reichtum anderer zu erzeugen, körperlich zerquetscht und intellektuell stumpf. Und doch zeigt die gesamte moderne Geschichte, dass das Kapital, wenn es nicht behindert wird, skrupellos und rücksichtslos arbeitet, um die gesamte Arbeiterklasse auf diesen extremen Grad der Degradierung zu senken.»(Marx, Karl 1859)

KAPITEL 7: Das Gesetz des Nullgewinns

Was meine Position gegenüber den Arbeitnehmern betrifft, so wird gesagt: Wir müssen den Kapitalismus oder das freie Unternehmertum retten, indem wir alle sozialen Reformen fördern, die nach dem «Null-Profit-Gesetz» empfohlen werdendie schrittweise Institutionalisierung der kostenlosen Krankenversicherung für alle amerikanischen und gleichgestellten Bürger; die schrittweise Institutionalisierung der ständigen Arbeitslosenversicherung und die schrittweise Abschaffung der menschenunwürdigen Arbeit. Die Hauptidee und die kurze Entwicklung des «Null-Profit-Gesetzes» wird durch die folgenden hypothetischen Folgerungen vermittelt. Nachdem ich alle meine Dokumentarfotos von mir oder von anderen Fotografen (siehe Abb. 1 bis Abb. 42) auf die Obdachlosen in Chicago und in den übrigen BundesstaatenIch möchte drei Hauptargumente anführen: Erstens die erschwingliche Krankenversicherung für US-Bürger und gleichgestellte Amerikaner. Da die jetzige amerikanische Präsidentschaft «Obama Care» nicht abschaffen kann, sollten wir uns den nächsten Schritt der Durchsetzung des «Null-Profit-Gesetzes» hier in den USA ansehen. Nehmen wir an, dass der nächste Schritt der medizinischen Reform in den USA die das ist die Vertuschung der Jugend. Denn es geht nicht darum, das Geld der amerikanischen Steuerzahler zu verschwenden, sondern die menschliche Zivilisation zu weihen [die den Tod des Menschen als ein Schicksal betrachtet, das Gott in die Jugend und das ewige

Leben verwandeln kann]. Wir verstehen, dass die erschwingliche Krankenversicherung für alle Bürger und
Gleichgestellte, die durch die US-Regierung unter
Barack Obama muss im nächsten Schritt unbedingt
weiterhin die gesamte Jugend abdecken. Nicht es
handelt sich um eine Krankheit, die sich selbst über-
lassen bleibt oder junge Mädchen oder Männer unter
der Kontrolle der Eltern ist, aber ihnen die Mittel zur
Befriedigung ihrer medizinischen und pharmazeutischen Bedürfnisse entzieht. Alle diese amerikanischen
und gleichgestellten Bürger können und dürfen nicht
In Übereinstimmung mit dem Status der am weitesten
entwickelten Nation der Welt, der gemeinsam den
Vereinigten Staaten von Amerika zugeschrieben wird,
wurden sie von der amerikanischen Gesellschaft auf
sich selbst gestellt! Nur diejenigen, die glauben, dass
die Hoffnung, endlich alle Armen zu sehen und
Von der amerikanischen Gesellschaft zurückgelassen
durch die Handlungen eines die Tatsache, daß
amerikanische Kapitalflucht ins Ausland und die
erhöhte Arbeitslosigkeit im In der Folge wird nun klar,
dass es obliegt der gesamten amerikanischen
Bevölkerung, weiterhin politische Maßnahmen zu
unterstützen, die vom «Null-Profit-Gesetz» inspiriert
sind. Ich gehe noch einen Schritt weiter und denke an
eine Krankenversicherung, die ganz und gar
kostenlos ist. Auf der einen Seite betrachten wir den
Tod des Menschen, der von der Gesellschaft, in der
er lebt, beschlossen wurde.

Nehmen wir an, dass der Tod des Menschen
infolge der Krankheit, verursacht durch chronischen
Mangel das Unternehmen, das sich weigerte, die
oben genannten Personen kostenlos zu betreuen,
trägt die Hauptverantwortung für die für sein Über

leben notwendige medizinische Versorgung. Nehmen wir an, daß die Einführung einer kostenlosen Krankenversicherung für alle Bürger und gleichgestellte Bürger zu den grundlegenden Maßnahmen gehört, die erforderlich sind, damit die menschliche Aufbau «absolutes menschliches Glück». Nehmen wir an, dass die kostenlose Krankenversicherung für jeden Bürger eine Vereinbarung ist Politik und Gesellschaft, die die tatsächliche Entwicklung eines jeden modernen und verdienstvollen Nationalstaates kennzeichnen.

Ein weiterer Aspekt ist die Aufteilung der Gesellschaft in Arm und Reich. Nehmen wir an, Reichtum und Armut sind die beiden Seiten der sozialen Situation der Menschen, die wollen, dass die Reichen morgen arm werden und umgekehrt. Nehmen wir an, dass die natürlichen Faktoren, die den Reichtum des Menschen in wirtschaftlicher und finanzieller Hinsicht erzeugen, unabhängig von den Faktoren existieren, die zu dessen Armut führen. Nehmen wir an, dass der Mensch, der aus reichen Eltern stammt, natürlich jede Chance hat, durch Vermächtnis reich zu werden. Nehmen wir an, der Mensch kommt von Eltern hat natürlich jede Chance, denm nach Vermächtnis werden. Nehmen wir an, dass die Messungen intelligenten oder zivilisatorischen Gesellschaft dem in einer reichen Familie geborenen und dem in einer armen Familie geborenen Kind die gleichen Chancen einzuräumen; einfach zu Menschen zu werden, die glücklich sind zu leben, oder mit allen wirtschaftlichen und finanziellen Mitteln ausgestattet zu sein, die ihnen ein angenehmes und nützliches Leben und für die Gesellschaft sichern sollen, werden von Gott gelobt, und gelten als objektiv und begründet.

Nehmen wir an, daß alle oben genannten intelligenten sozialen Maßnahmen, die, wenn es die Natur zuläßt, das Leben, das für das in Armut geborene und das im Reichtum geborene Zusammenfassung von Schule und Hochschule die Krankenversicherung ist kostenlos.

Daraus ergibt sich folgende Argumentation:

Erstens ist das Recht auf kostenlose Betreuung, das ein Kind von armen und wirtschaftlich unfähigenDie Kommission ist der Ansicht, dass Gesundheitszustand der Bevölkerung des betreffenden Landes Regierung, die demokratisch gewählt wurde.

Zweitens wird die Gesellschaft, die die Verpflichtung bricht, allen Bürgern und ihnen gleichgestellten Personen freien Zugang zur Gesundheitsversorgung zu gewährleisten, in den Augen Gottes eines Verbrechens gegen die Menschlichkeit schuldig und verliert damit seine Gnade als gesegnetes oder wohlhabendes Land.

Drittens, die gesamte Entscheidungsbefugnis über die Zukunft der gesamten Menschheit Das ist das Ergebnis der guten historischen Maßnahmen, die dieses Land seit der Abschaffung der Sklaverei bis zur Wahl des Präsidenten der Vereinigten Staaten von Amerika, Barack Obama, ergreifen musste.

Viertens: Freier Zugang zur medizinischen und pharmazeutischen Versorgung der Amerikaner Obama-Administration etabliert, soll der Ausgangspunkt für die Anwendung des «Null-Profit-Gesetzes» werden gegenüber der amerikanischen Gesellschaft, die glücklicherweise zum Initiator einer neuen Weltordnung wurde, die von der Menschheit gewünscht wird.

Fünftens: Alle Maßnahmen zur Schaffung eines kostenlosen und dauerhaften Gesundheitssystems für alle Bürger und Gleichgestellten ehren die Vereinigten Staaten von Amerika als einen von Gott gesegneten Nationalstaat.

Sechstens erhalten alle Länder, die der Menschheit den Weg für diesen glücklichen Zustand geebnet haben, auch die Achtung der Menschheit, es ist alles in Ordnung.

Siebtens: Das Schicksal der Länder, in denen die Menschen kämpfen müssen, um das Geld für die elementarste medizinische Versorgung zu bekommen, ist eine Angelegenheit, die ich als Fluch.

Achtens ist es daher nach wie vor normal, dass alle politischen Beschlüsse, die schrittweise und gesunde Institutionalisierung der Die kostenlose Gesundheitsfürsorge für alle Bürger und Gleichgestellten erhält die Zustimmung Gottes, der den oben genannten Grundsatz der kostenlosen medizinischen und Eine Gesellschaft, ein Hoch-Faktum der menschlichen Zivilisation.

Nehmen wir nun die Institutionalisierung der ständigen Arbeitslosenversicherung:

Betrachten wir die menschliche Armut. Nehmen wir an, dass Armut Menschen als die Ablehnung der Gesellschaft der Mindestlohn für alle, der ihnen ein normales Leben ermöglicht, auch wenn sie ständig in der Unternehmen, die arbeitslos sind, In der Vergangenheit haben sich die während ihres Bestehens arbeiten oder Personen mit einer vorübergehenden oder dauerhaften, erworbenen oder erblichen Behinderung. Nehmen wir an, daß das wirtschaftliche Recht, das jede gegenwärtige menschliche Gesellschaft bestimmt und will, daß der Gewinn der Grund für die Investition oder die Arbeit von Unternehmer bestellt exakt Armut die Schaffung eines Fonds für lebenslanges Arbeitslosengeld für alle Personen, die dauerhaft in der oben genannten Gesellschaft leben, und für Inländer; bleibt eine Maßnahme, die den wirtschaftlichen Gewinn zunichte macht und schlicht und einfach die wirtschaftlichen Zinsen, die das Geld bezahlen, freigibt Geliehen] einerseits und andere Seite Betrachten wir ein Die Zahl der hoch qualifizierten Arbeitnehmer, die seit fast zwei Jahren arbeitslos sind und immer noch nicht in der Lage sind, einen Arbeitsplatz zu finden, ist hoch qualifiziert. Nehmen wir an, daß der Arbeitnehmer In der Bundesrepublik Deutschland Das Problem ist, daß er wegen seiner letzten Arbeit, die er schlecht verloren hat, vergeblich versucht, eine Arbeit zu finden, die seiner neuen körperlichen an Fortbildungskursen am College teilnehmen. Nehmen wir an, daß der oben genannte Arbeitnehmer, der unter unmenschlichen Lebensbedingungen lebt, nach Ablauf eines Jahres nicht mehr in der Lage ist, seine Miete zu zahlen und für seinen Lebensunterhalt aufzukommen. Nehmen wir an, daß die Gesellschaft, der der Arbeitnehmer und seine Familie lediglich die Zahlung des Arbeitslosengeldes lebenslänglich erhalten, so daß dieser Arbeitnehmer und seine Familie lediglich die Gesellschaft braucht ihre Bürger für ihre Wirtschaft und ihr künftiges wirtschaftliches Wachstum.

Daraus ergibt sich folgendes Argument:

Erstens ist es vernünftig, daß die Schaffung eines Fonds zur Arbeitslosigkeit auf Dauer angelegt ist, die mindestens Finanzielle Mittel für alle, die ständig in der Gesellschaft leben und die absolute Armut in der Gesellschaft beseitigen wollen, hier in den Vereinigten Staaten von Amerika, sind eine wirtschaftliche Maßnahme, die ergriffen werden muss.

Zweitens wird die Gesamtlage der Wirtschaft durch Beibehaltung des Gleichgewichts und der Expansion ausgeglichen und kontinuierlich expandiert die kontinuierliche Produktion von Waren im Inland und notwendige und ausreichende Dienstleistungen.

Drittens, die Vereinigung Produktion Im Bereich der Forschung und technologischen Entwicklung hat die Kommission eine lediglich die Tatsache, dass die produzierten inländischen Wirtschaftsgüter und dienstleistungen In den letzten Jahren haben sich die und nur Bürger, die über eine echte Kaufkraft können sie verlangen, kaufen und konsumieren.

Viertens ist die Einführung einer lebenslangen Arbeitslosenunterstützung für die Erhaltung der elementaren der Anteil der Arbeitnehmer, die mit der gesamtwirtschaftlichen Produktion von Gütern und Dienstleistungen konfrontiert sind, ist in den letzten Jahren zurückgegangen.

Fünftens wird der Grundsatz der ständigen Arbeitslosenunterstützung als Grundsatz der Souveränität des Volkes definiert, das in einer vollkommen demokratischen Gesellschaft König ist.

Sechstens: Die Höhe der Dauerarbeitslosigkeit wird als rein wirtschaftliche Notwendigkeit verstanden.

Siebtens: Die künftige Praxis der die Anwendung lebenslanger Arbeitslosenunterstützung in den USA ist einer der teuersten Wünsche von der Verfasser des «Null-Profit-Gesetzes» für die Zukunft von die Menschheit zu schützen.

Betrachten wir nun die allmähliche Abschaffung der Arbeit, die den Menschen erniedrigt. Betrachten wir die Arbeit der Werkzeugmaschine. Nehmen wir an, daß sie Menschen, die natürlich über freien Willen oder Laune verfügen, darf auf keinen Fall auf die Man kann davon ausgehen, daß die Arbeit einer Werkzeugmaschine, die einem Menschen anvertraut wird, degradiert sie zu einer Werkzeugmaschine und zerstört sie. Nehmen wir an, daß die Arbeit eines Arbeiters dazu zwingt, einen Tausende schwere Verpackungen oder Pakete in einem der vom Unternehmer mit Hilfe seiner Hände vorher festgelegte Zeitabstand wird beispielsweise als die Arbeit der Werkzeugmaschine angegeben. Nehmen wir an, dass die oben genannte Arbeit eines Arbeiters/Facharbeiters beim Be und Entladen von Pakettransportfahrzeugen mit bloßen Händen zerstört wurde diese ist im besten Fall mit unheilbaren Schmerzen verbunden und das wird für immer behindert. Nehmen wir an, dass die bewusste Entscheidung über eine solche Sachlage, die darin besteht, die Arbeit der Werkzeugmaschine, die einem so starken Menschen(en) (sie) anvertraut wird, als Norm festzulegen, schlicht und einfach ein Verbrechen gegen die Menschlichkeit ist.

Daraus ergibt sich folgende Argumentation:

In erster Linie, die Zivilisation der die Industrialisierung und Mechanisierung der Gesellschaft hat ihren Höhepunkt mit der Vollständige Abdeckung der Arbeit, die das Lebewesen zerstört von Robotern oder Werkzeugmaschinen.

Zweitens ist die oben erwähnte Abschaffung der zerstörerischen Arbeit des Arbeitnehmers bei der Produktion von Wirtschaftsgütern und -dienstleistungen durch die technologischen Innovationen, die für die Menschheit nach wie vor von großem Vorteil sind, bestimmt.

KAPITEL 8: Schlussfolgerung des Berichts

Nun zum Grundsatz der Abschaffung men-
schenunwürdiger Arbeit. Da das Ziel des «Null-Profit-
Gesetzes» vom Prinzip des maximalen persönlichen
und sozialen Schutzes bestimmt wird, wollen wir uns
nun näher mit dem oben genannten Prinzip befassen.
Betrachten wir das primitive kapitalistische System,
bei dem der maximale Gewinn auf Kosten der Arbeitnehmer Kapitalanlage. Nehmen wir an, dass das
«Null-Profit-Gesetz», das das «maximale individuelle
und soziale Wohlbefinden des Arbeitnehmers» als
Ziel politische Macht in der Gesellschaft, genau das
Gegenteil der sozialen Tätigkeit des Geschäftsman-
nes oder des Unternehmers. Nehmen wir an, der
Wirtschaftssystem, das durch das «Gesetz des Null-
Profits» geschaffen wurde, das Liberalismus oder
wirtschaftlichen Kapitalismus für selbstverständlich
und angemessen hält, versteht politische Maßnahmen als die von den Arbeitnehmern erwartete
Regulierung. Nehmen wir an, dass das durch das
«Null-Profit-Gesetz» geschaffene Steuersystem, das
die vollständige Anwendung des Gesetzes
Damit wird das Tool zum Gewalt und Armut für immer
beseitigen Organisation der Gesellschaft, damit der
zivile Frieden und das größtmögliche individuelle und
soziale Wohlergehen Sie sind erfüllt.
Daraus ergibt sich folgende Argumentation:
Erstens ist das aktuelle politische System in
den USA, auf das das «Null-Profit-Gesetz» vor allem

seit der Wahl von Barack Obama zum US-Präsiden-
tenDie Vereinigten Staaten von Amerika, die sich
durch die Vorsehung positioniert, die wirksam «Zug
der Zukunft der ganzen Menschheit» zu führen.

Zweitens: Wenn die politische Sensibilität der
französischen Selbstverwalter am " Null-Profit-Gesetz
aufwachen könnte, "und die Macht übernehmen
Politik in Frankreich könnte das oben genannte Land
die Vereinigten Staaten für die "Paradies" auf dem
Boden oder «Bau von das Gebäude des absoluten
menschlichen Glücks».

Drittens, über die Vereinten Nationen und
sogar über westliche Länder oder Länder, die
rechtsstaatliche und demokratische Prinzipien haben,
Togo, das Geburtsland des Urhebers des «Null-Profit-
Gesetzes» könnte die dritte Chance nutzen, dass
«Ewiges Afrika» und das «Paradies auf Erden» nach
und nach wiederhergestellt werden.

POSTECRIPT: Die vollständige Beseitigung
des Paradoxons der Armut
innerhalb der Fülle

Betrachten wir die allgemeine Situation der
Obdachlose in den Vereinigten Staaten von Amerika
die funktionale Identität der Obdachlosigkeit als eine
Anstrengung von nationale Solidarität, die notwendig
ist, um das Paradoxon der Armut im Überfluss zu beseitigen. Nehmen wir an, daß die Bemühungen um
nationale Solidarität in den Vereinigten Staaten ist es
notwendig, das Paradoxon der Armut im Überfluss,
das durch die hohe Industrialisierung derDie Steuer,
die die Vereinigten Staaten von Amerika zahlen,
entspricht einer Steuer, die auf alle im Inland
gekauften Erzeugnisse erhoben wird, die sogenannte
nationale Solidaritätssteuer (NS)
ständige Arbeitslosigkeit, kostenlose Krankenversicherung für alle US-Bürger.

Dies führt zu folgenden Argumenten:

Erstens ist die nationale Solidaritätssteuer (NS)
ein Vorschlag für ein Verfassungsgesetz des Verfassers dieses Vertrags im Bereich Kunst und
Wissenschaft.

Zweitens: Der Gesetzentwurf die Verfassung
wird Teil der Plattform sein einer politischen Partei der
USA, die Betrachtet die amerikanische Nation und die
Welt als Retter.

Drittens, sobald die nationale Solidaritätssteuer, für die das amerikanische Volk gestimmt hat, die volle Anwendung garantiert automatisch das Entstehen des "Paradies auf Erden", das jeder Mensch für jeden Menschen erträumt hat.

Zitierte Werke

Englisch

Friedman, Milton. *Capitalism and Freedom*. University of Chicago   Press. November 2002. First published 1962.

Keynes, Maynard John *The General Theory of Employment, Interest and Money*   Palgrave Macmillan February 1936

Marx, Karl. *Capital: A Contribution to the Critique of Political Economy*. Hamburg: Meissner, Von Otto 1867

Malthus, Thomas Robert, *An Essay on the Principles of Population* London, L.   Johnson. 1798

Mill, John Stuart. *Principles of Political Economy*. John W. Parker 1848

Mill, John Stuart. *Essays on Economics and Society* University of Toronto Press;   London: Routledge and Kegan Paul. April 1967

Ricardo, David *The Principles of Political Economy and Taxation* London, JohnMurray April 1817

Samuelson, Paul. *Foundations of Economic Analysis*. Harvard University Press. 1947

Say, Jean Baptiste. *Treaty of Political Economy.* (1803). Paris: Calmann-Levy Editor, 1972

Smith, Adam *an Inquiry into the Nature and Causes of the Wealth of Nations.*   Strahan, William, Cadell, Thomas March 1776.

auf Französisch

Messavussu, Moe. *La Metamorphose* Les Editions Bleues – Amazon.com 2012

DIE ABBILDUNGEN

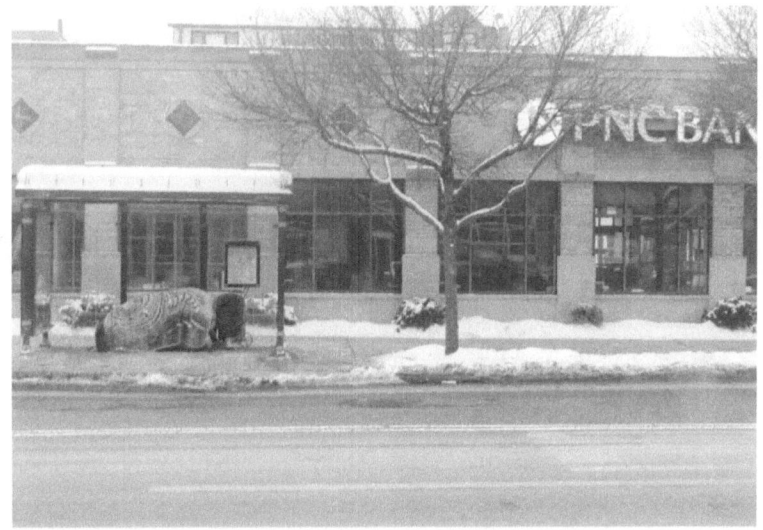

Abb. 1: Ein obdachloser" schläft auf der Bank von
die Bushaltestelle vor der PNC-Bank,
Fotografiert von Moe Messavussu,
Dezember 2017 im Jahr 2017.

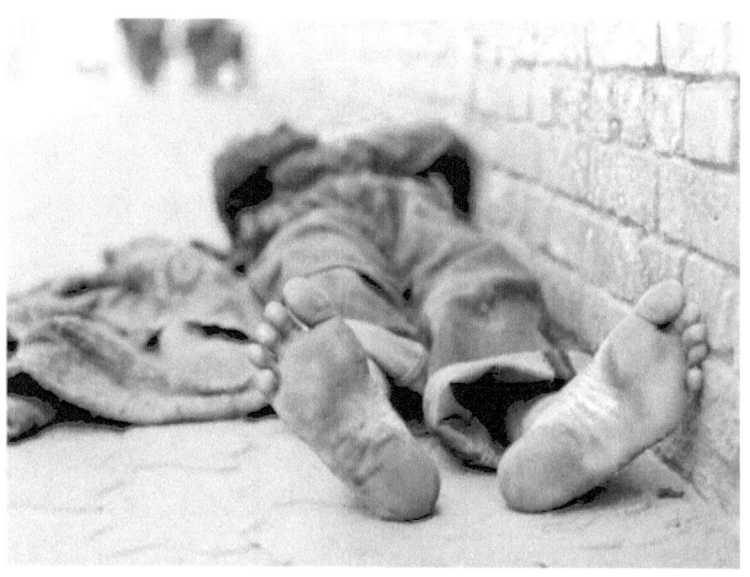

Abb. 2: Ein Obdachloser, der am Straßenrand schläft.
Er ist ein unbekannter Fotograf.

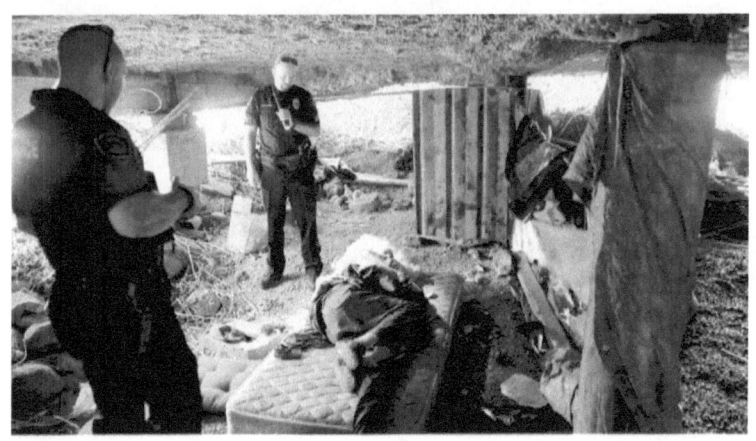

Abb. 3. Obdachloser schläft unter einer Brücke.
Er ist ein unbekannter Fotograf.

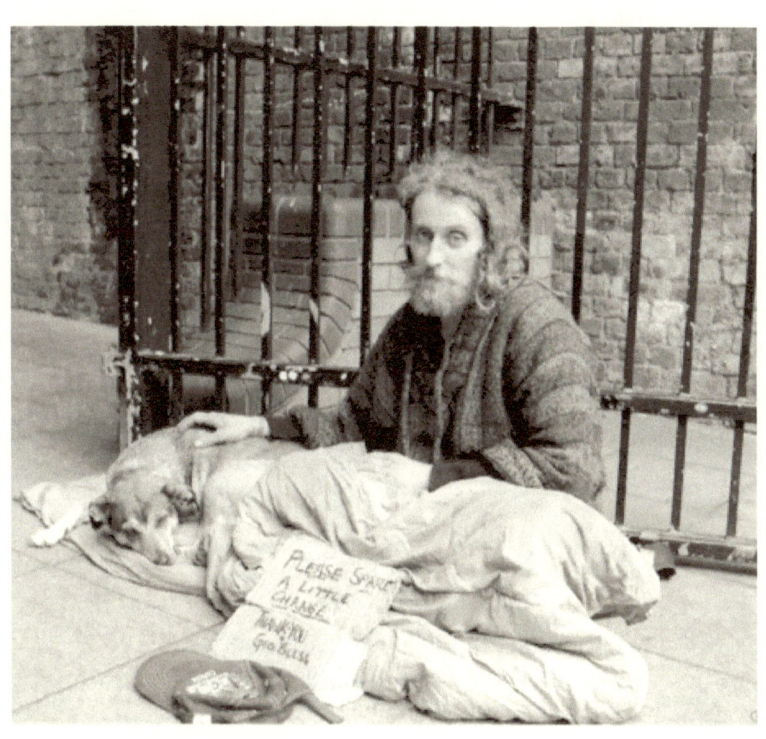

Abbildung 4: Ein Obdachloser,
der in der Wir überqueren die Straße.
Er ist ein unbekannter Fotograf.

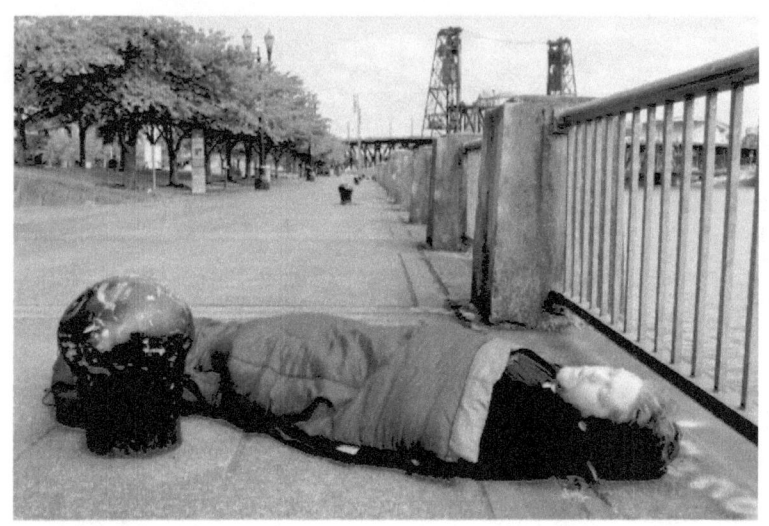

Abbildung 5: Ein junger Obdachloser,
der am Rande einer Fußgängergasse.
Er ist ein unbekannter Fotograf.

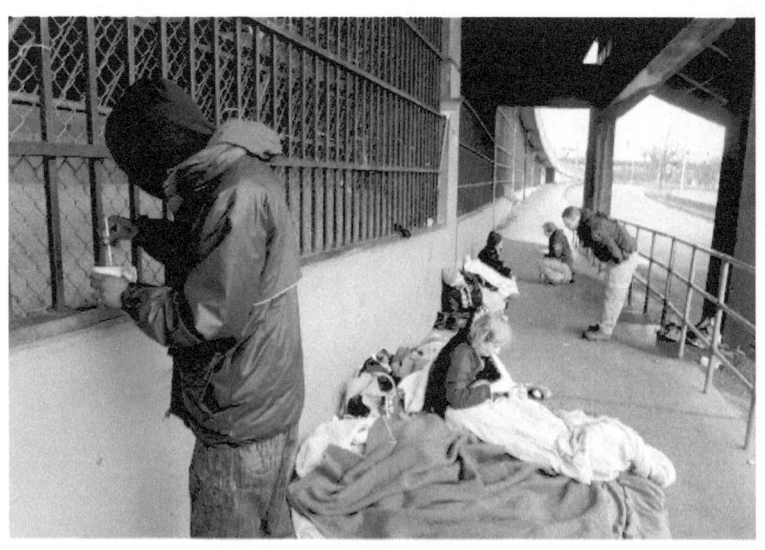

Abb. 6. Obdachlose auf einer Seite
eines Passes Wir sind unter einer Brücke.
Er ist ein unbekannter Fotograf.

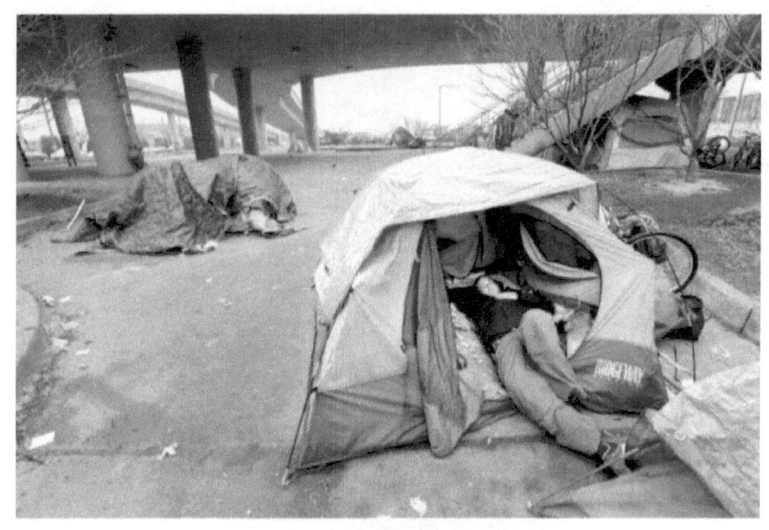

Abbildung 7.Obdachlose, die einen freien
Platz unter Es ist eine Brücke.
Er ist ein unbekannter Fotograf.

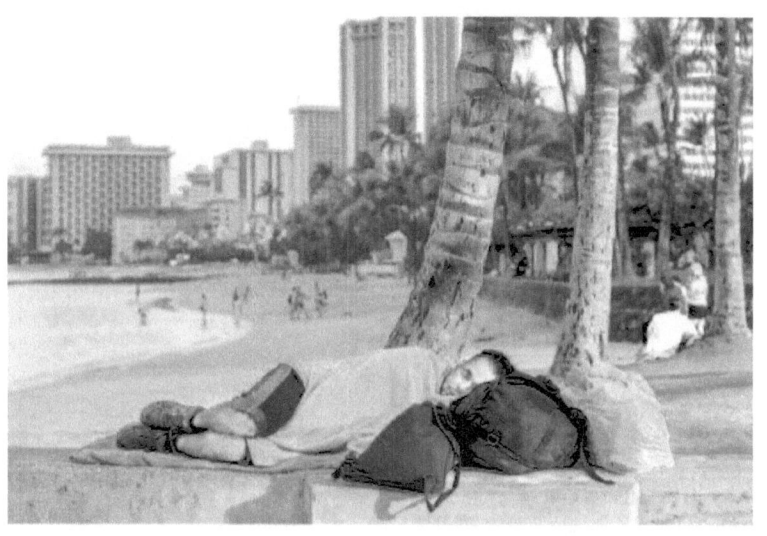

Abbildung 8: Ein junger Obdachloser unter
Kokos nuss Dritte an einem Strand.
Er ist ein unbekannter Fotograf.

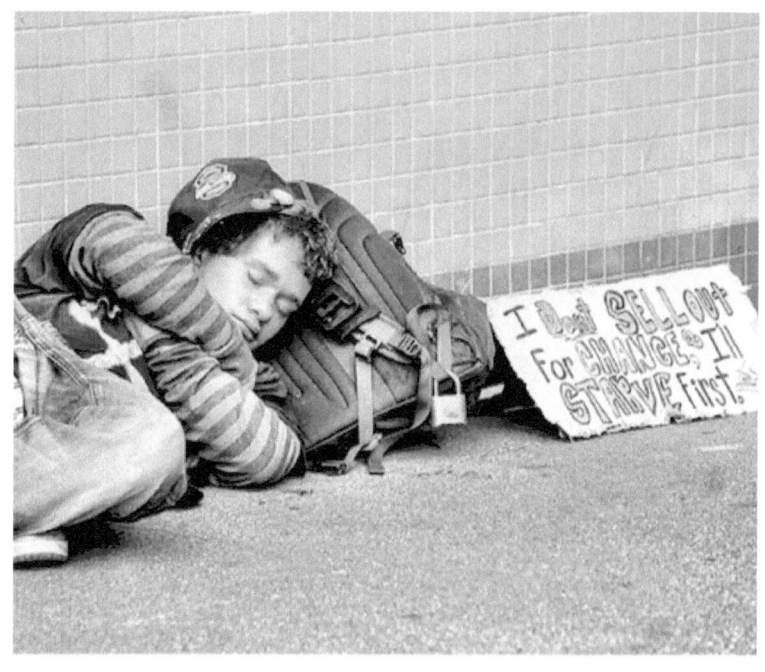

Abbildung 9: Ein junger Obdachloser,
der an einem Fußgängergasse.
Er ist ein unbekannter Fotograf.

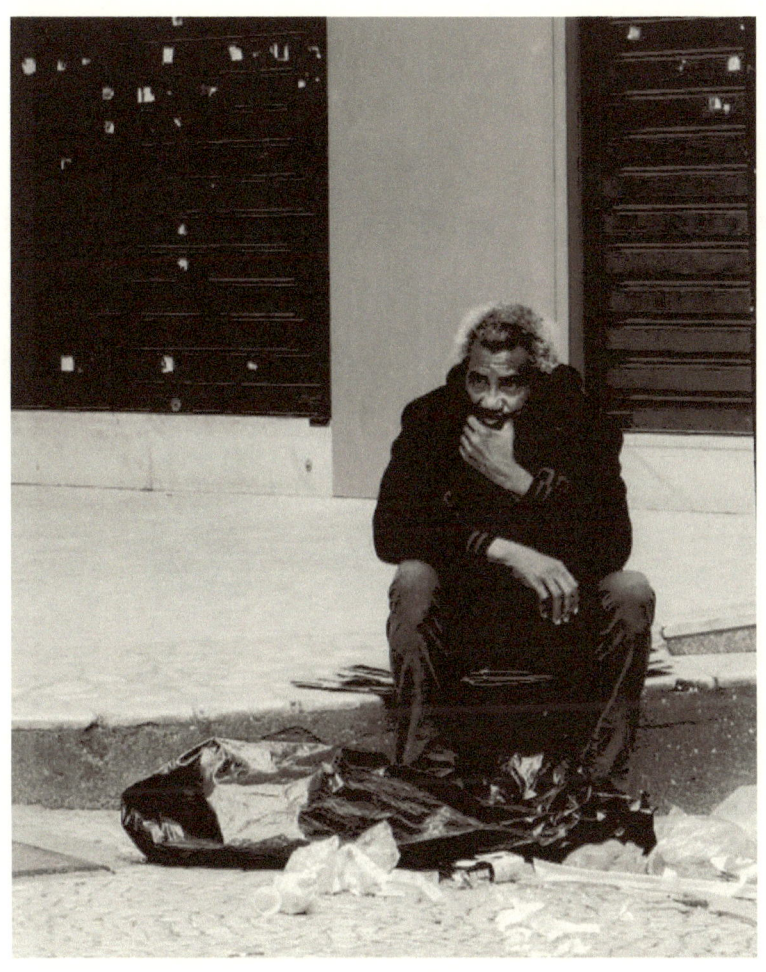

Abbildung 10: Ein Obdachloser am
Rande einer Einfahrt Fußgängerin.
Er ist ein unbekannter Fotograf.

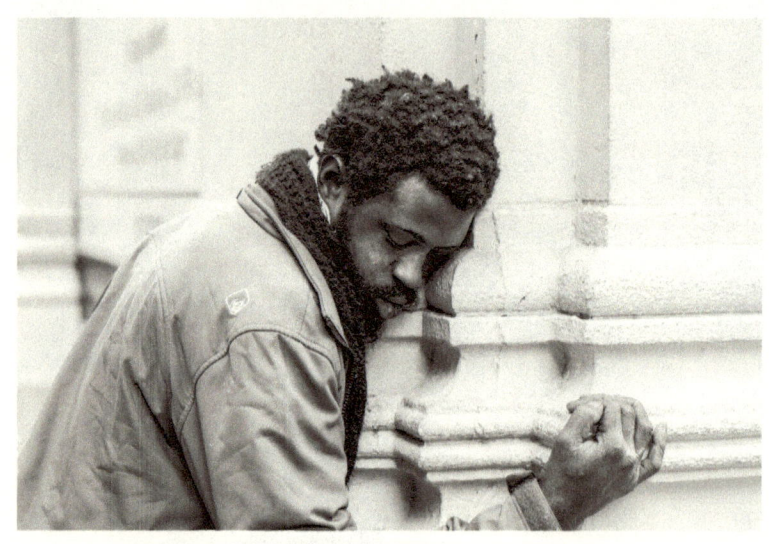

Abbildung 11: Ein Obdachloser, der in einer Gasse
schläft Fußgänger: Fotograf unbekannt.

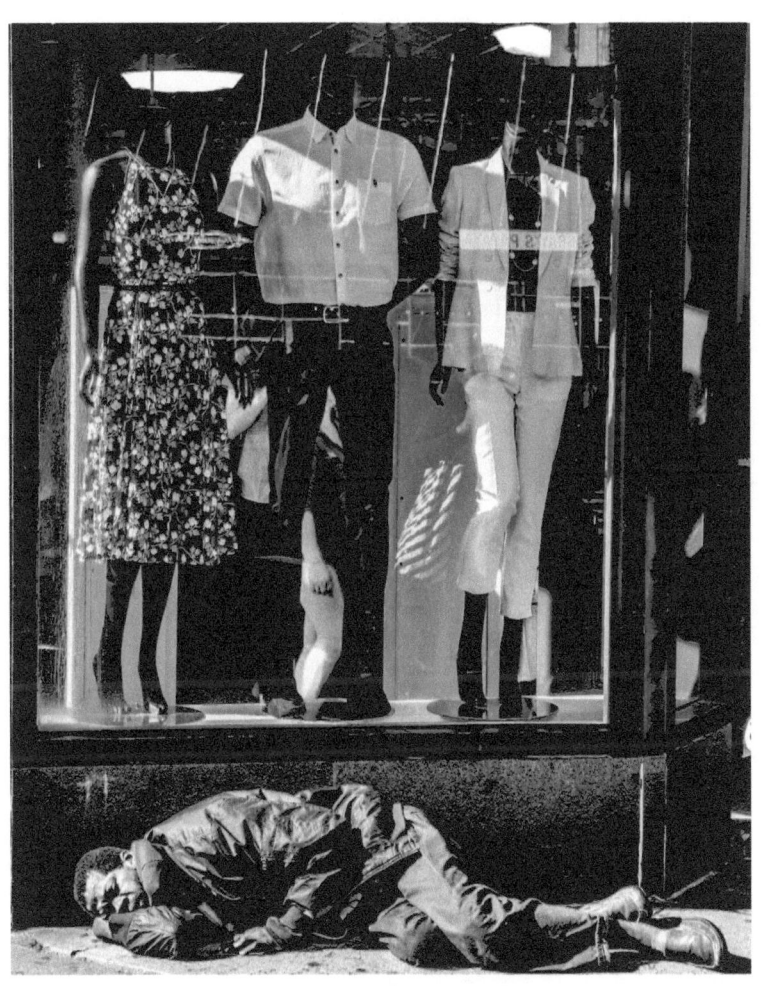

Abbildung 12: Ein Obdachloser, der
am Rande einer Gasse schläft Fußgängerin
Er ist ein unbekannter Fotograf.

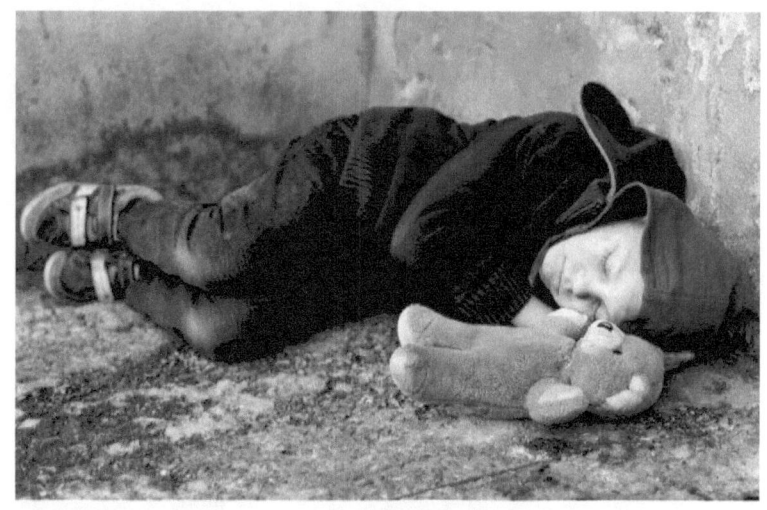

Abbildung 13: Obdachlosenfamilie
am Rande einer Gasse Fußgängerin.
Er ist ein unbekannter Fotograf.

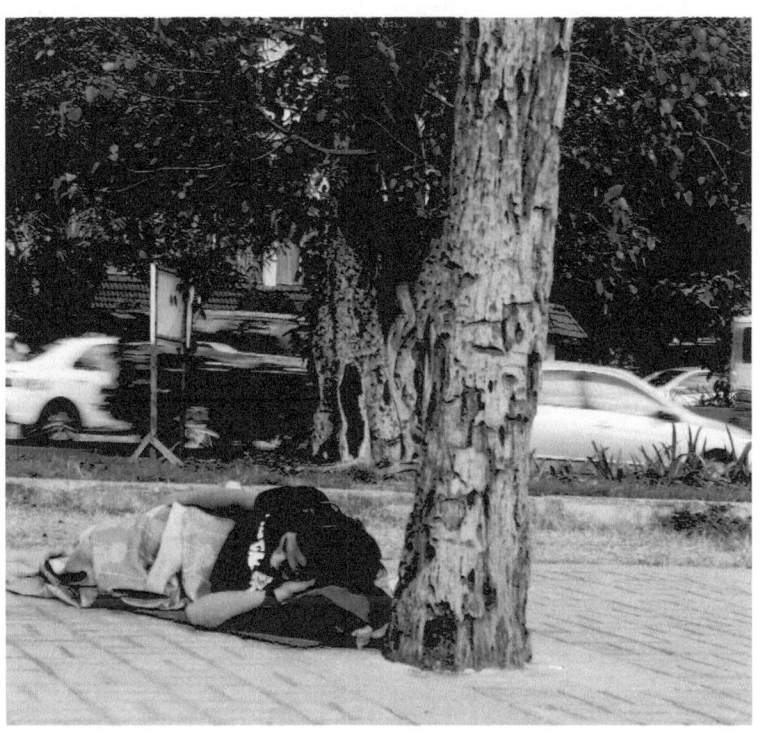

Abbildung 14. Ein junger Obdachloser
am Rande einer Fußgängergasse.
Er ist ein unbekannter Fotograf.

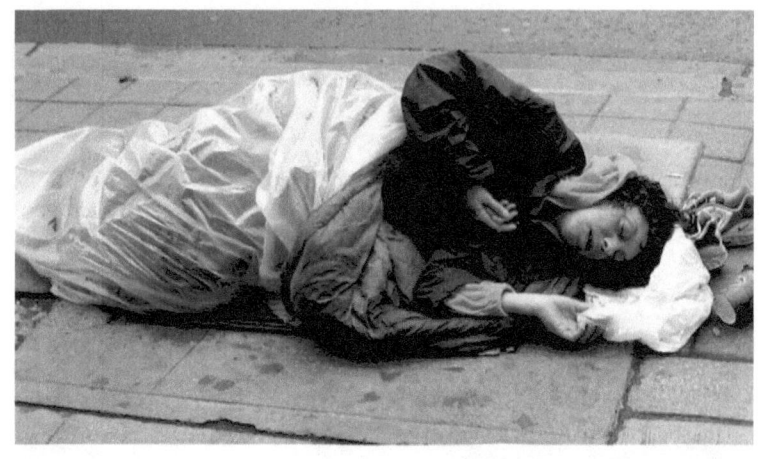

Abbildung 15: Ein Obdachloser
am Rande einer Gasse Fußgängerin.
Er ist ein unbekannter Fotograf.

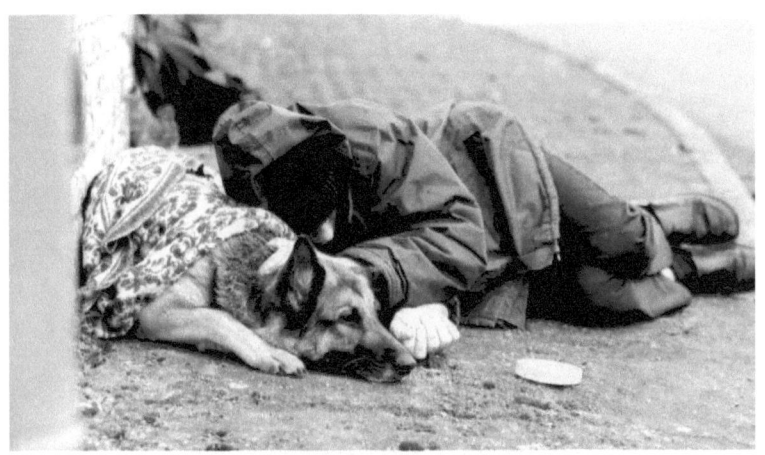

Abb. 16. Obdachloser mit Hund im Schlaf
Der Rand einer Fußgängergasse.
Er ist ein unbekannter Fotograf.

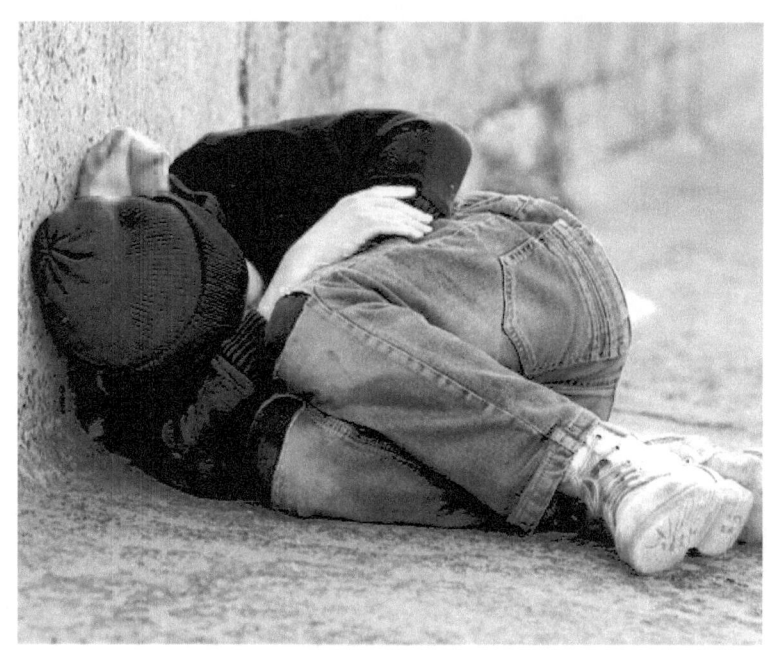

Abbildung 17: Ein junger Obdachloser, der
am Rande einer Fußgängergasse.
Er ist ein unbekannter Fotogra

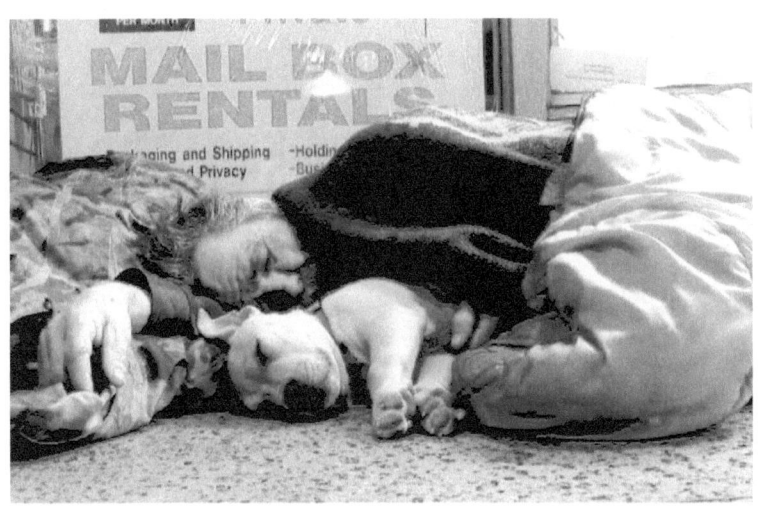

Abb. 18. Obdachloser mit Hund im Schlaf
Der Rand einer Fußgängergasse.
Er ist ein unbekannter Fotograf.

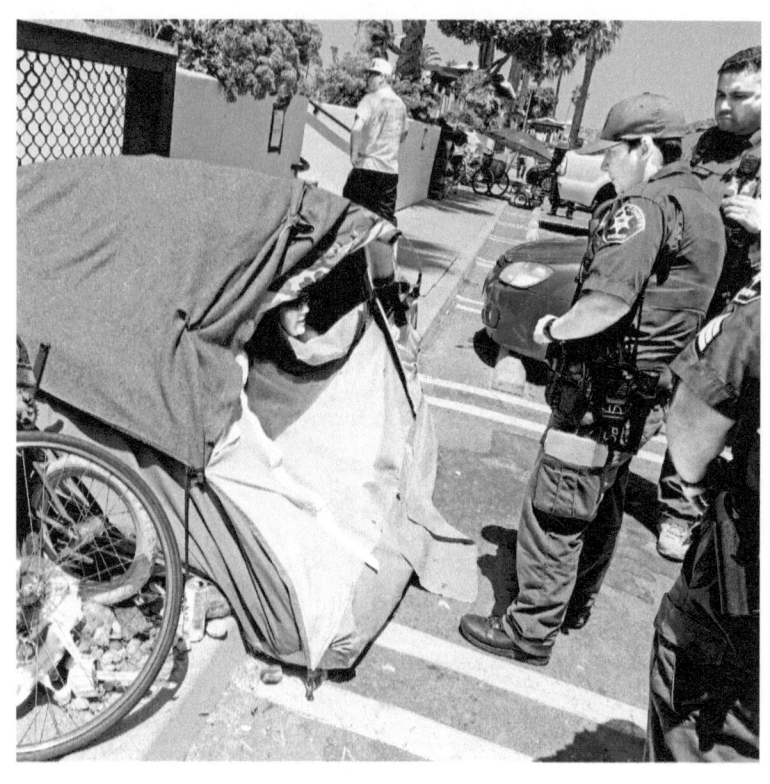

Abbildung 19: Obdachlose Frau
am Rande einer Fußgängergasse.
Er ist ein unbekannter Fotograf.

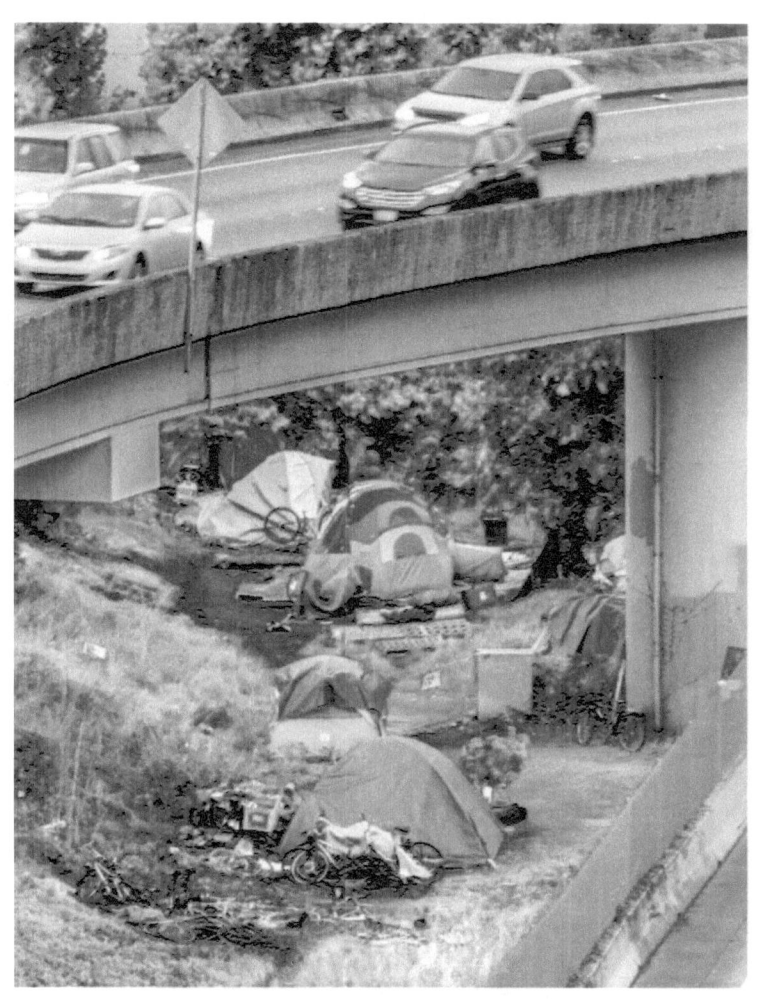

bbildung 20: Obdachlose
mit einem Raum unter einer Brücke.
Er ist ein unbekannter Fotograf.

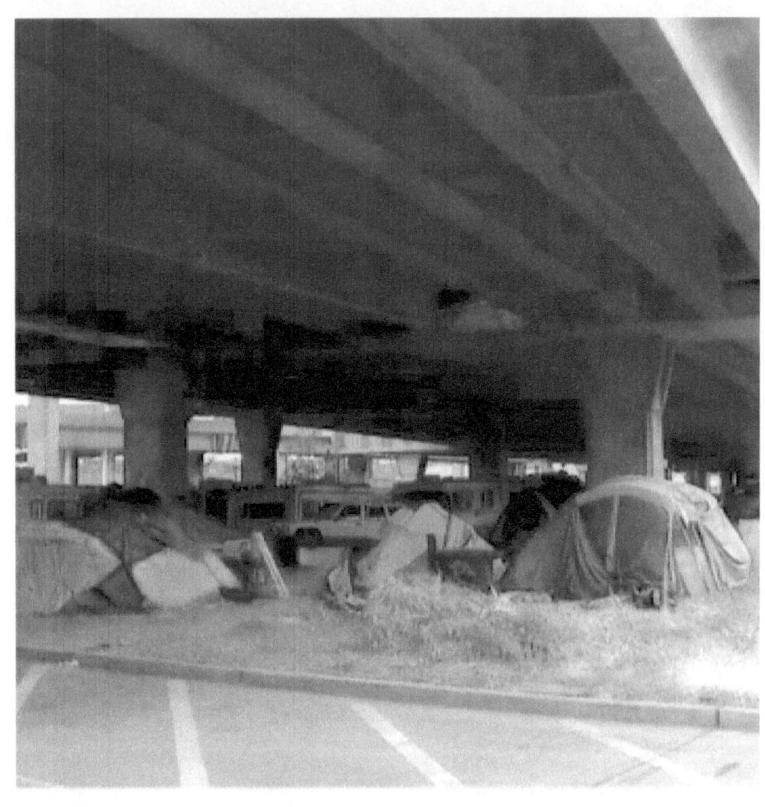

Abbildung 21: Obdachlose in
Räumen unter eine Brücke gestellt.
Er ist ein unbekannter Fotograf.

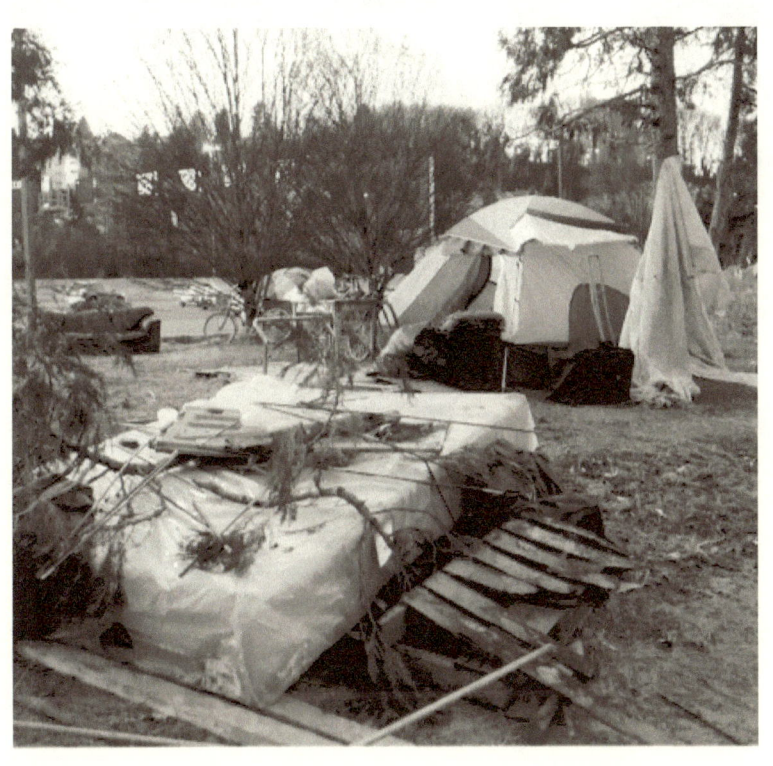

Abbildung 22: Obdachlose
in Räumen neben einem Highway.
Fotograf nicht bekannt.

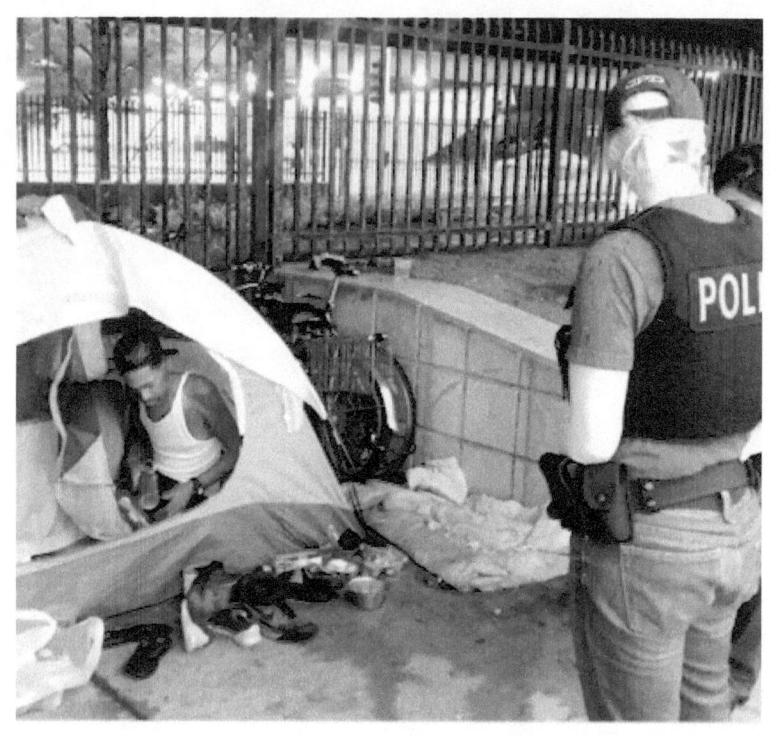

Abb. 23. Haus eines Obdachlosen.
Er ist ein unbekannter Fotograf.

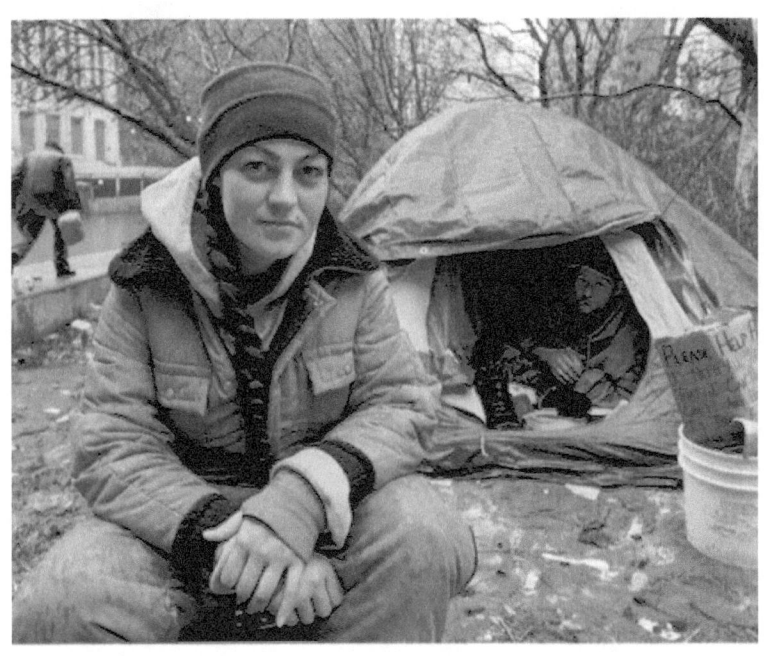

Abb. 24. Haus eines obdachlosen Paares.
Er ist ein unbekannter Fotograf.

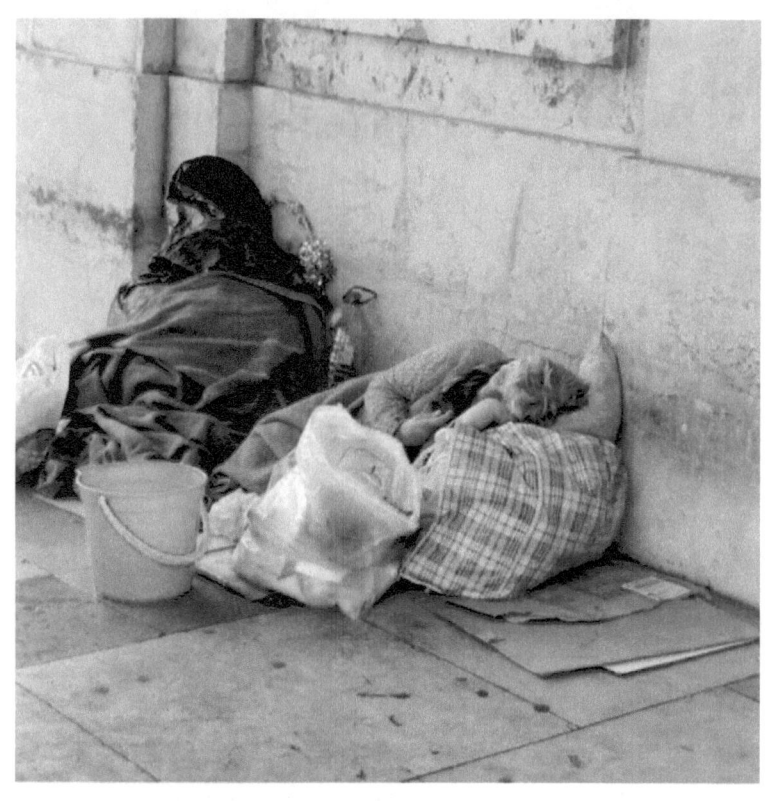

Abbildung 25: Obdachlose Frauen.
Er ist ein unbekannter Fotograf.

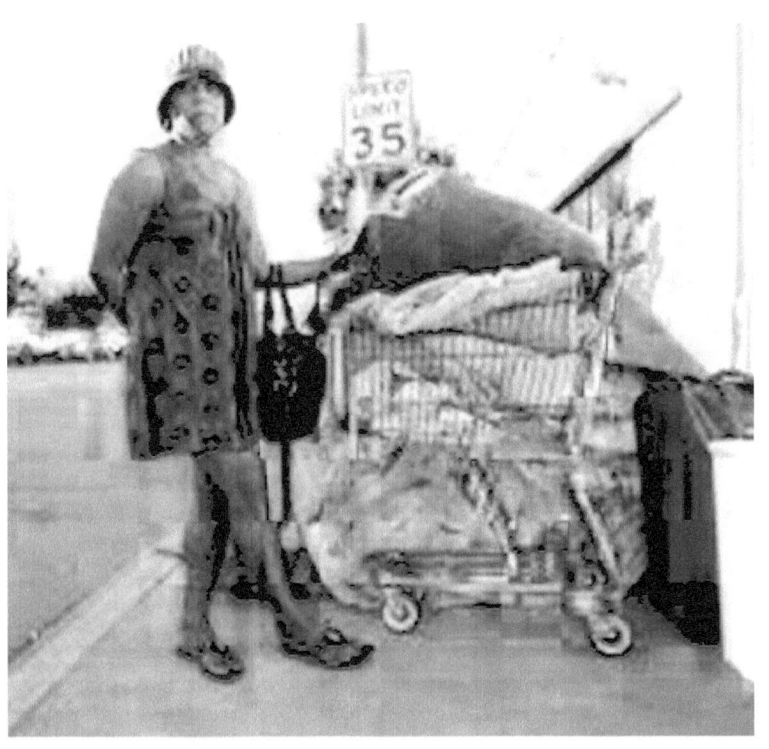

Abbildung 26: Obdachlose Frau steht
am Randvon einer Fußgängergasse aus.
Er ist ein unbekannter Fotograf.

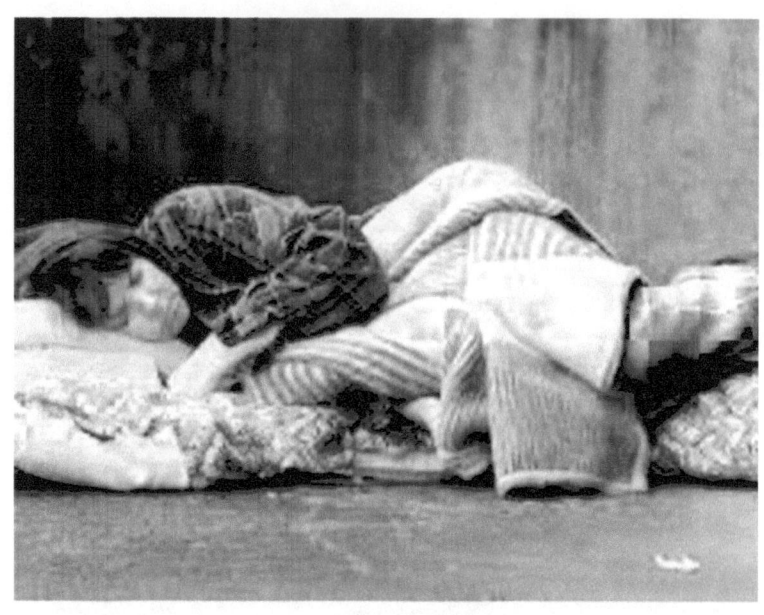

Abbildung 27: Obdachlose Frauen, die am Rande
schlafen von einer Fußgängergasse aus.
Er ist ein unbekannter Fotograf.

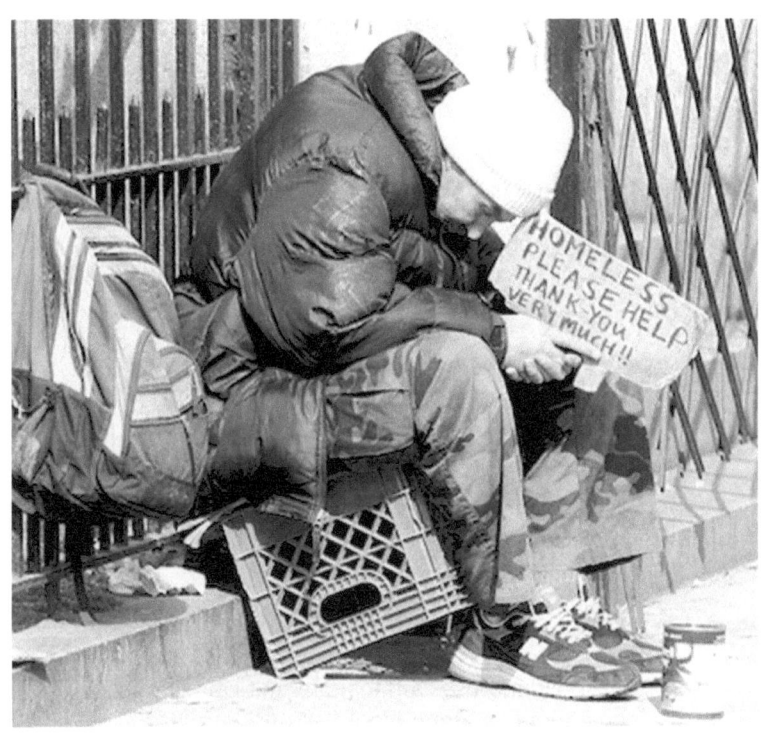

Abbildung 28: Ein Obdachloser
am Rande einer Ein fahrt Fußgängerin.
Er ist ein unbekannter Fotograf.

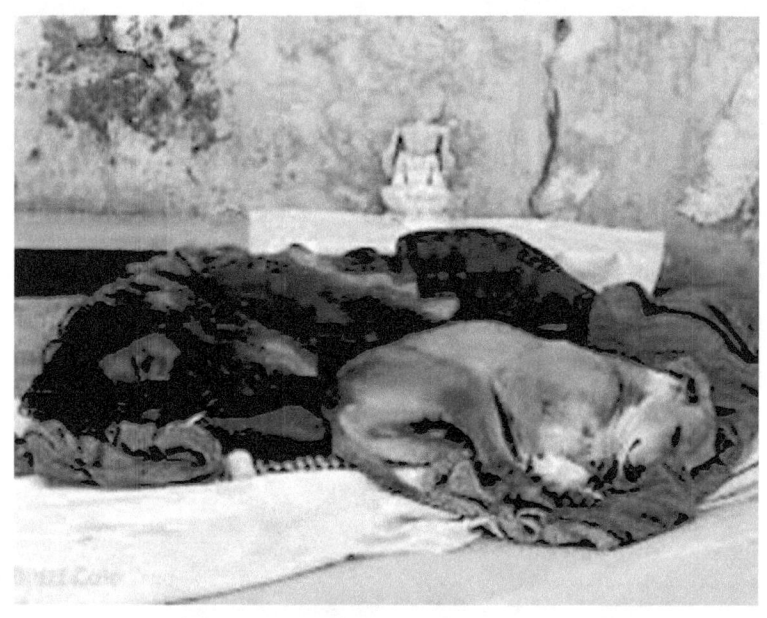

Abbildung 29: Obdachloser mit Hund,
schläft im Der Rand einer Fußgängergasse.
Er ist ein unbekannter Fotograf

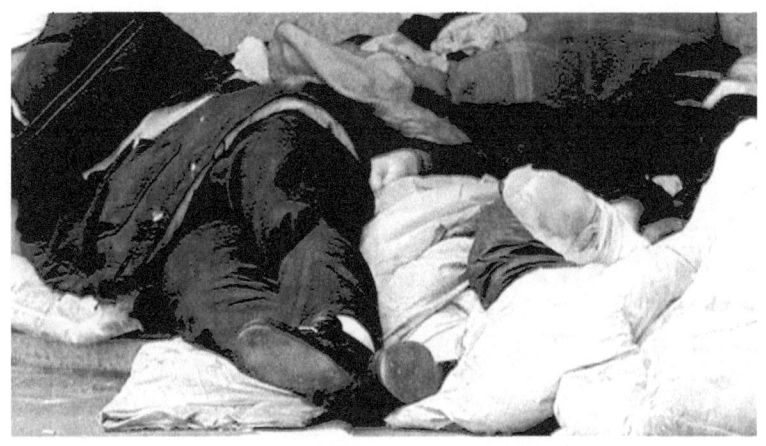

Abb. 30: Obdachlose auf
Rand einer Fußgängergasse.
Er ist ein unbekannter Fotograf.

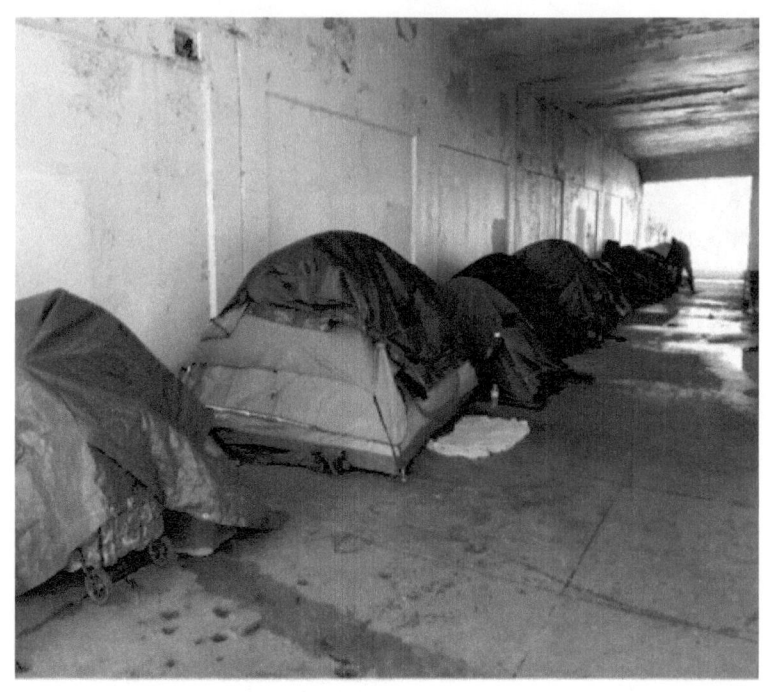

Abb. 31. Obdachlosenhäuser unter einer Brücke.
Er ist ein unbekannter Fotograf.

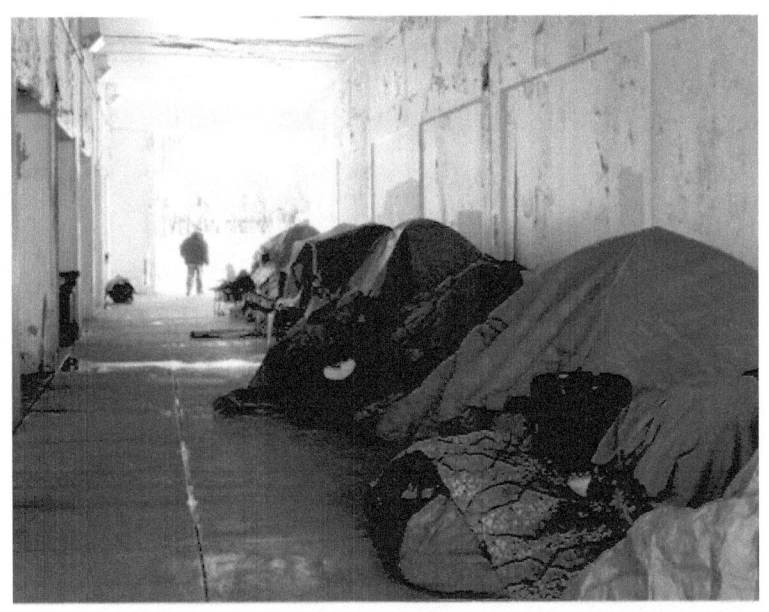

Abb. 32: Obdachlosenhäuser unter einer Brücke.
Er ist ein unbekannter Fotograf.

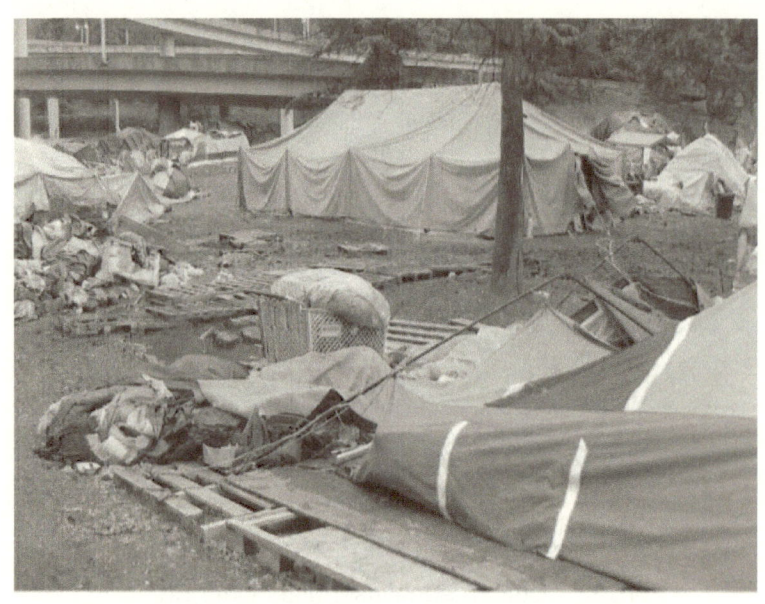

Abbildung 33: Obdachlosenhäuse in der Nähe
eines Brücke. Er ist ein unbekannter Fotograf.

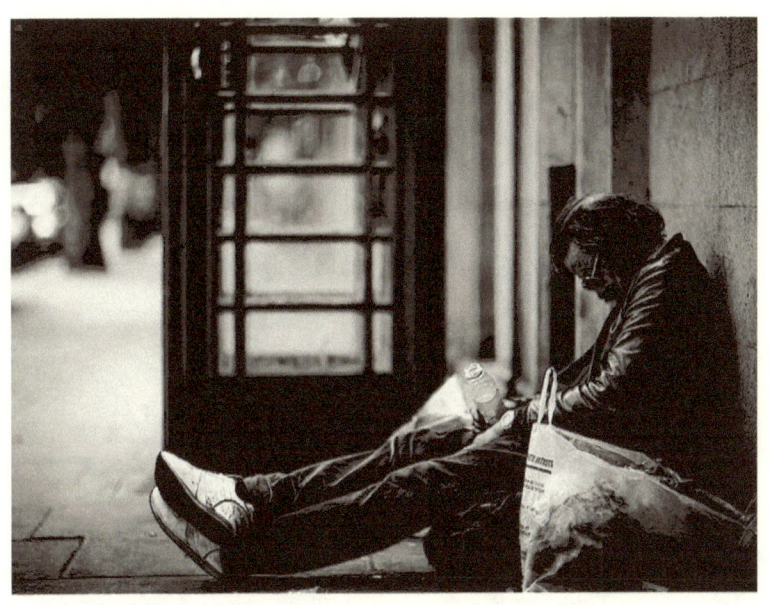

Abbildung 34: Obdachloser am Rande einer Einfahrt
Fußgängerin. Er ist ein unbekannter Fotograf.

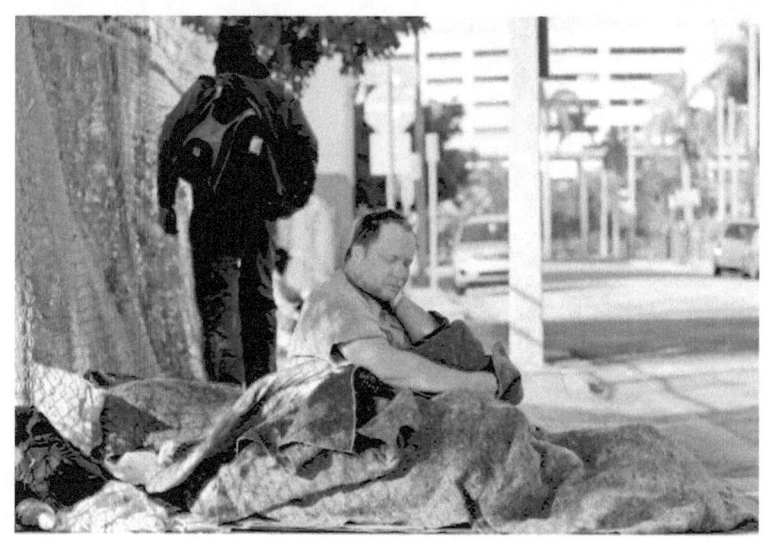

Abbildung 35: Ein Obdachloser am
Rande einer Gasse Fußgängerin.
Er ist ein unbekannter Fotograf.

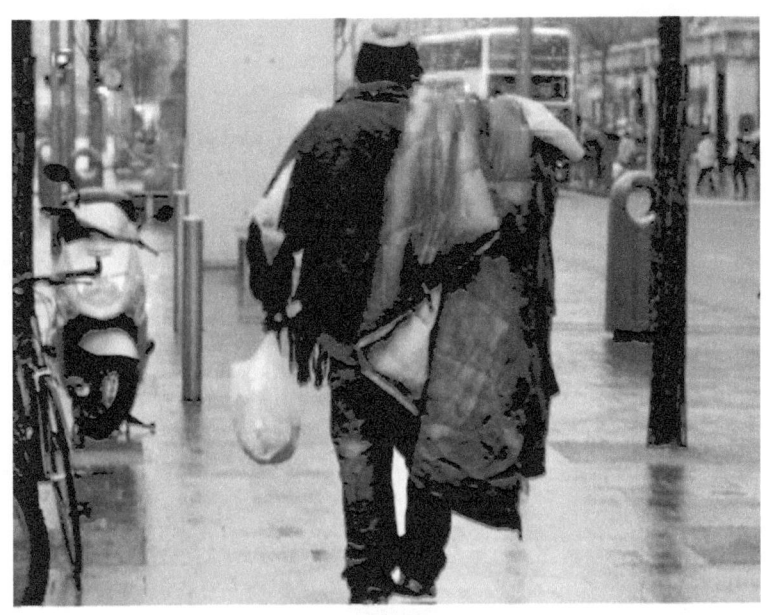

Abbildung 36: Obdachloser junger Mann
den Rand einer Fußgängergasse.
Er ist ein unbekannter Fotograf.

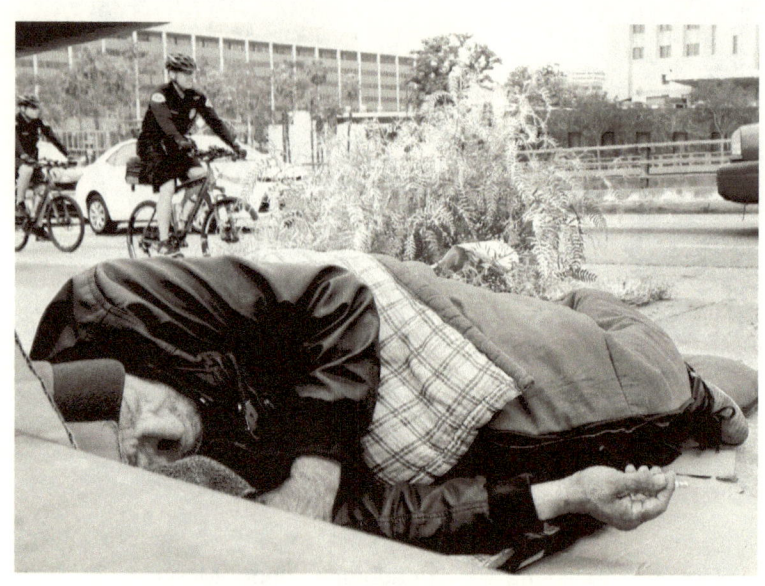

Abbildung 37: Ein Obdachloser am
Rande einer Einfahrt Fußgängerin.
Er ist ein unbekannter Fotograf.

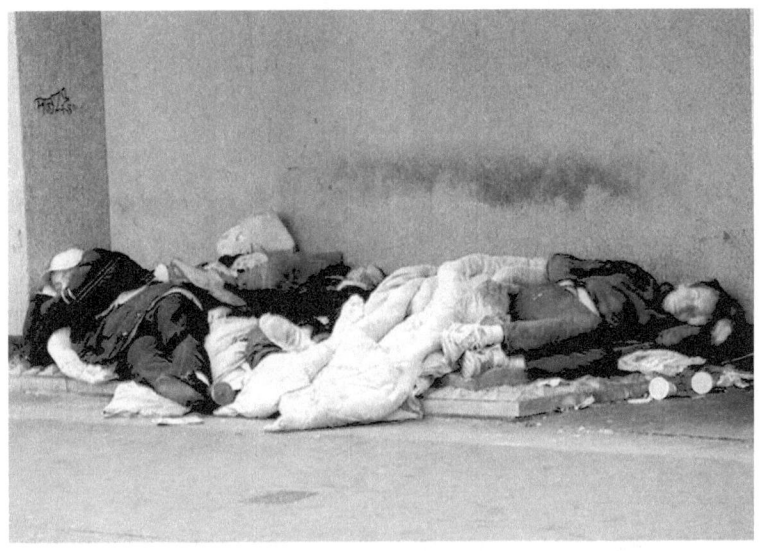

Abb. 38: Ein Paar Obdachlose im Schlaf
Der Rand einer Fußgängergasse.
Er ist ein unbekannter Fotograf.

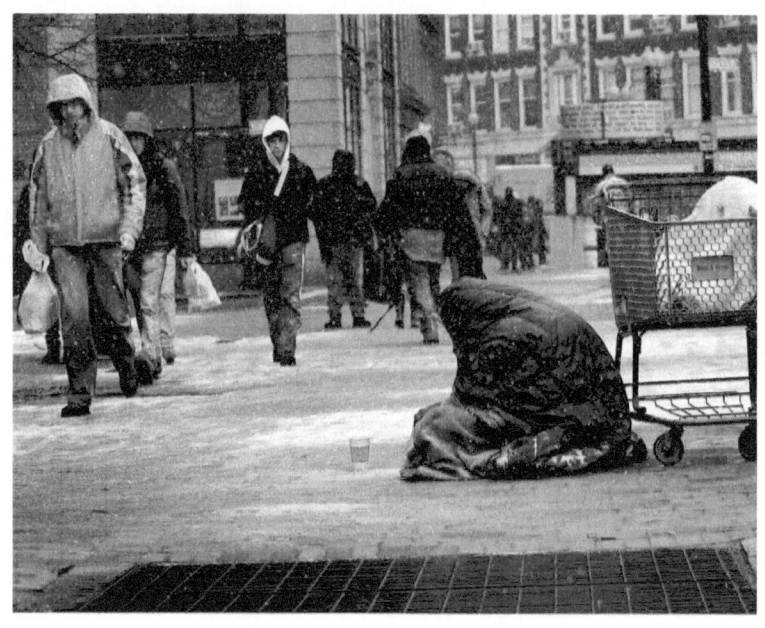

Abbildung 39: Ein junger Obdachloser
am Rand einer Fußgängergasse.
Er ist ein unbekannter Fotograf.

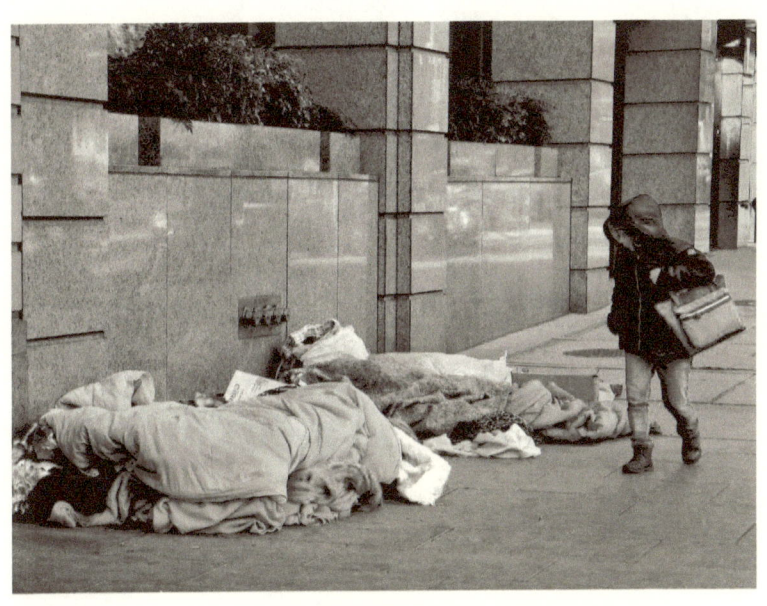

Abb. 40: Ein Paar Obdachlose in den Bordsteinkante.
Er ist ein unbekannter Fotograf.

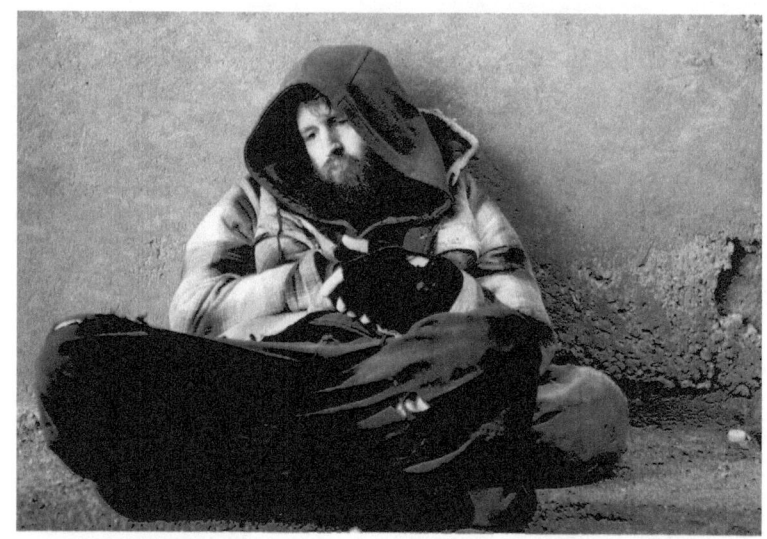
Abbildung 41: Ein junger Obdachloser, der sich auf Bordsteinkante. Er ist ein unbekannter Fotograf.

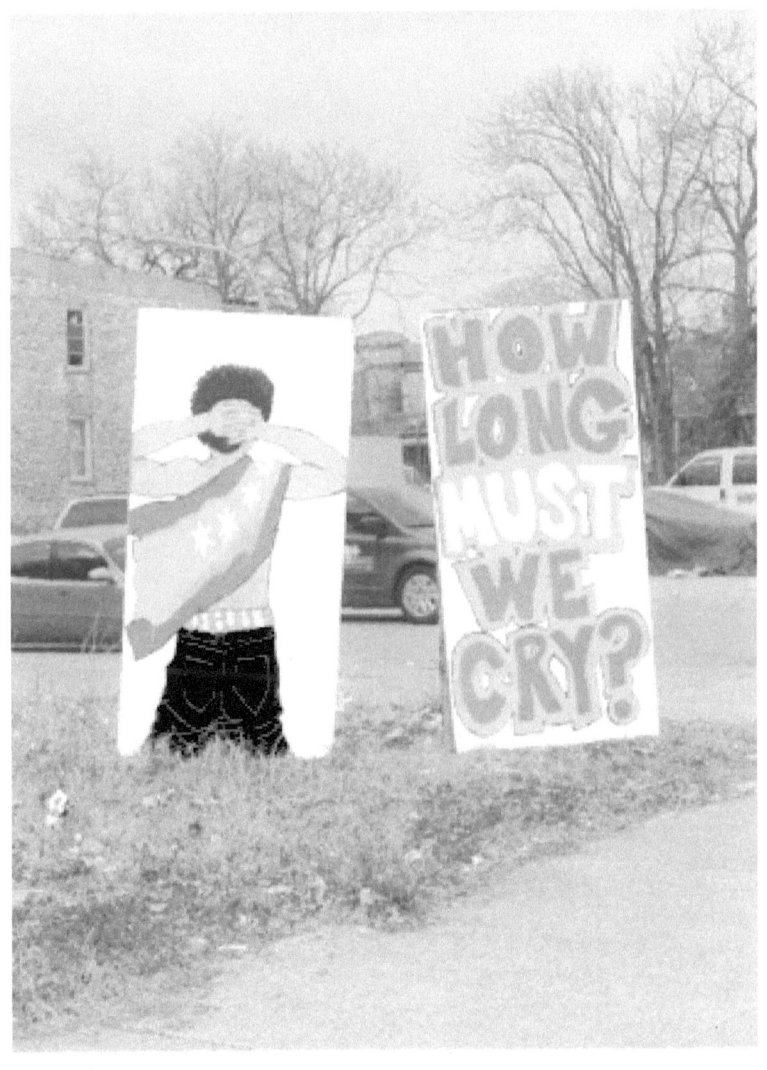

Abbildung 42: Die Verzweiflung der Armen.
Aufgenommen von Moe Messavussu.
November 2017

Druckfertig im August 2019 durch
LES EDITIONS BLEURES
mmessavussu@gmail.com
moemessavussu@hotmail.com
Eintragung des Urheberrechts: 3. Quartal 2019 Nummer des
Verlegers: 2-913-771
GEDRUCKT IN DEN VEREINIGTEN STAATEN VON AMERIKA

www.ingramcontent.com/pod-product-compliance
Lightning Source LLC
Chambersburg PA
CBHW021455210526
45463CB00002B/790